Carl-Ludwig Paeschke

DAS GROSSE BUCH DER
GARTENZWERGE

Eichborn.

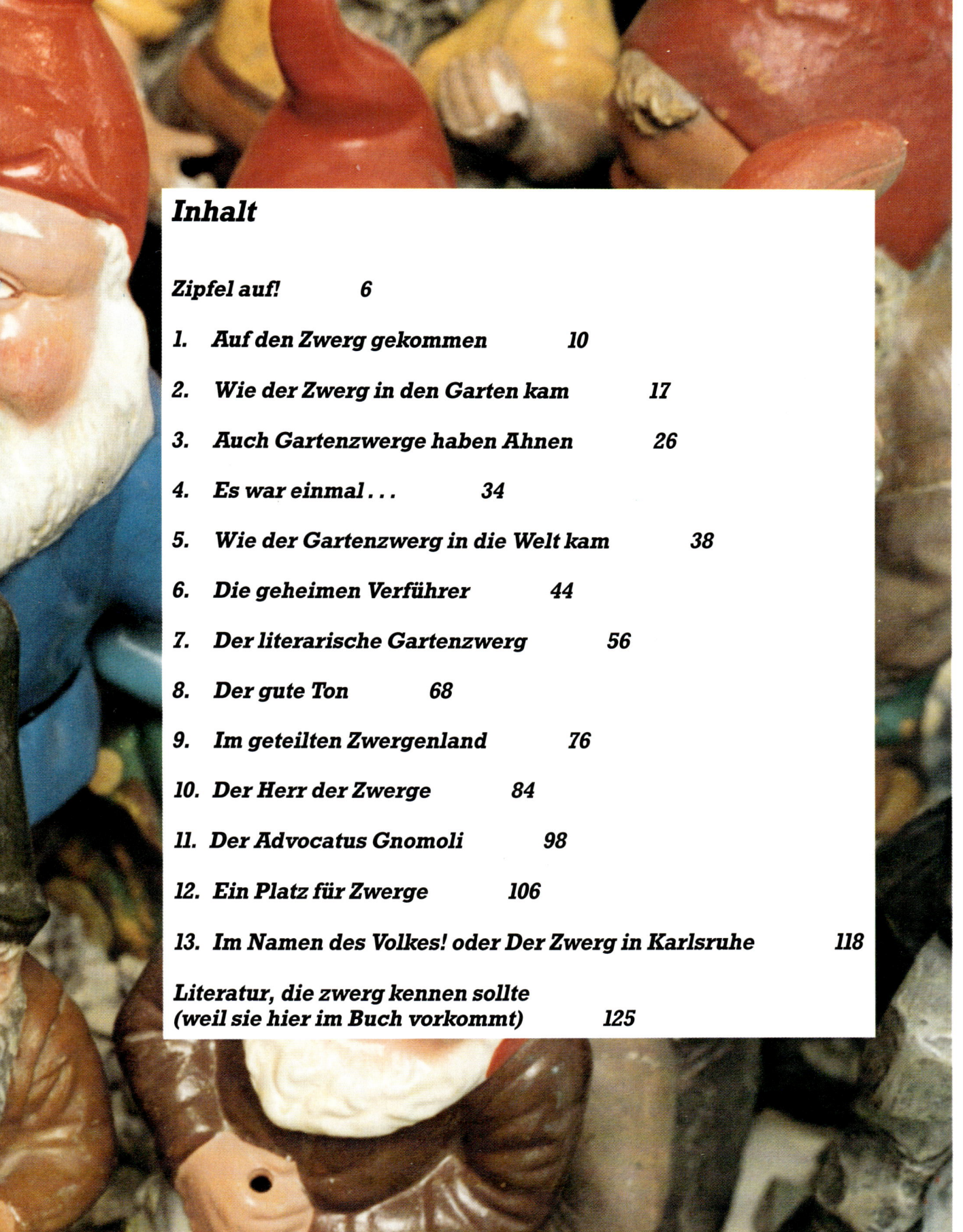

Inhalt

Zipfel auf!

Schön war er bestimmt nicht, selten jedoch und teuer: der Zwerg, im Schaufenster einer Wiesbadener Nobelboutique. Hunderfünfzig Mark sollte das in modischem Pink gehaltene Ungetüm kosten, inklusive der bunten Glaspailletten, die ihm sein Schöpfer mit auf den Weg gegeben hat.

Eigentlich kann sich der Kunde

Die Idee, Gartenzwerge zu bemalen, kam der Grafikerin Petra Spieß 1990, als sie die Sammlung ihres Vaters erbte und keine rechte Verwendung für sie fand. Freunde und Kollegen waren begeistert, eine Geschäftsidee geboren.
Seitdem hat sie weit über tausend handelsübliche PVC-Zwerge der Firma Heissner nach ihren Entwürfen bemalen lassen und bis nach Japan verkauft. Die Zwergengruppe auf diesen Seiten ist in Originalgröße abgebildet. Zwergenfreundinnen tragen sie als modische Accessoires am Revers oder auf der Bluse.

nur mit Grausen abwenden und darauf vertrauen, daß scheinbar geschmacklose Entgleisungen wie diese am Markt scheitern. Aber weit gefehlt:

»So ein Zwerg ist zur Zeit unheimlich ›in‹«, versichert die Verkäuferin. »Gerade, wenn Sie Ihre Wohnung richtig ›durchgestylt‹ haben mit Designer-Möbeln und in der Decke versenkten Halogenlämpchen. Dann kommt doch so ein Zwerg in Pink erst richtig zur Geltung und unterstreicht den Stil ihres Apartments.«

Über Geschmack läßt sich bekanntlich nicht streiten, und über den Sinn oder Unsinn von Gartenzwergen haben schon Generationen von Schrebergärtnern philosophiert. Eins aber scheint unbestreitbar: Der deutsche Gartenzwerg ist wieder mal im Kommen und erschließt sich neue Fan-Gemeinden. Längst ist ihm der Garten, Ursprung und Arbeitsplatz für über ein Jahrhundert, zu klein geworden. Er hat mittlerweile nicht nur das postmoderne Apartment erobert. Modebewußte Frauen tragen ihn aus Silber als Brosche oder Ohrstecker. Und für den Altachtundsechziger mit multikulturellen Ambitionen gibt es den Zwerg mit schwarzer Hautfarbe oder Schlitzaugen. Und selbst der Zwergenhasser – sollte es ihn in dieser reinrassigen Form in Deutschland überhaupt geben – wurde als Marktlücke erkannt. Für ihn gibt es »Nachbars Opfer« – den ermordeten Gartenzwerg mit einem Küchenmesser im Rücken.

Der Gartenzwerg hat die vereinte Nation erfaßt und sie emanzipiert. Sich zum Zwerg zu bekennen ist heute keine Schande und längst kein Beweis mehr für schlechten Geschmack.

kluge Sätze dazu drechseln. Nur der Erkenntniswert dürfte mager ausfallen, auch wenn der große Psychologe C.G. Jung den Zwergen den Rang von »Archetypen« zuerkannt hat.

Der deutsche Gartenzwerg hat schon vor langem begonnen, Jahr für Jahr in großen Stückzahlen die Grenzen seiner Heimat zu überschreiten, hat Liebhaber in vielen Ländern der Erde gefunden und hat sich damit also – Zwerg sei Dank – internationalisiert.

Vielleicht ist der Vergleich – noch – ein bißchen verwegen, aber der deutsche Gartenzwerg folgt damit den Spuren einer anderen, wesentlich jüngeren Figur: Mickey Mouse. Sie ist schon seit Jahren Gemeinbesitz von Menschen aller Rassen und Klassen rund um den Erdball geworden, ohne ihre Herkunft zu verleugnen. Während aber die Maus vom welt-

Ist der Zwerg also in uns? Ein Teil unseres Nationalcharakters? Tiefgründige Untersuchungen liessen sich darüber anstellen und

weit arbeitenden Disney-Konzern lizensiert wird, kann sich am Zwerg jeder versuchen. (Was wiederum Disney mit Erfolg getan hat. Aber davon später mehr.)

Der Gartenzwerg ist ein echtes Kitschprodukt – genauer: das Kitschprodukt überhaupt. Gert Richter geht in seinem Kitsch-Lexikon sogar so weit:

»Käme jemand auf die Idee, dem Kitsch ein Denkmal zu errichten – es müßte unbedingt ein Gartenzwerg sein . . . – wer an Kitsch denkt, denkt zuerst an Gartenzwerge, und wer Gartenzwerge sieht, denkt sogleich an Kitsch.«

Tröstlich daran ist, daß jede Generation für sich entscheidet, was Kitsch und was Kunst ist – das

Urteil bleibt individuell und zeitgebunden.

Nur der deutsche Gartenzwerg scheint in dieser Frage konstant beurteilt zu werden. Schon 1962 stand es für den Kunsthistoriker Gustav F. Hartlaub außer Frage, daß der Zwerg in seiner Entwicklung zum Gartenzwerg »zum ›Kitsch‹ herabsank . . . «.

Ein bildungsbürgerliches Vorurteil? Wenn ja, dann ist die Zeit wohl darüber hinweggegangen. Was Kitsch und was Kunst ist, entscheidet letztendlich der, der Kitsch oder Kunst kauft – und vielleicht ganz bewußt zum Kitsch greift.

»Echte« Kunstfreunde mögen einwenden: »Kunst ist gut gekonnt, Kitsch ist gut gemeint.« Recht

haben sie – und Unrecht zugleich. Kitsch, das ist der kleine Pausensnack gegen den Hunger zwischendurch. Und der ist legitim.

Zum Beispiel der eingangs erwähnte Zwerg in Pink. Auch das ist eine Frage der Zeit. Noch einmal will ich das Beispiel der erfolgreichen Maus bemühen: Als sich vor ungefähr zehn Jahren Freunde gemeinsam einrichteten, plazierten sie eine zwanzig Zentimeter große, von innen beleucht-bare Mickey Mouse im Wohnzimmer. Und plötzlich war der gewollte Stilbruch »einfach witzig«.

Wird der deutsche Gartenzwerg also zur Mickey Mouse der neunziger Jahre? Wohl kaum. Mickeys Popularität ist ungebrochen, und das soll auch so bleiben. Es scheint nur so, als ob wir jetzt »auf den Zwerg kommen«. Und was ist dagegen einzuwenden? Man muß nur dazu stehen.

Zipfel auf!

1. Auf den Zwerg gekommen

Endlich war auch der letzte gegangen nach unserer Sommerparty, die Küche war aufgeräumt, und um mich herum schlief alles. Zeit für ein letztes Glas Wein im Garten.

Eine wunderschöne Sommernacht. Vom dunkelblauen Untergrund hoben sich klar und deutlich die Sterne ab, der Mond war erst eine schmale Sichel, der Garten lag still, kein Blatt rührte sich. Nur der Igel, der wie jede Nacht um diese Zeit auf Streife ging, raschelte im Gebüsch. Kurz, es war eine dieser besonderen, sommerwarmen Augustnächte, in denen auch über einem deutschen Garten und seinen Kirsch- und Birnbäumen – mit etwas Phantasie – ein Hauch von Toskana liegt.

Dieser letzte Absacker vor dem Schlafengehen war für mich schon zur Tradition geworden. Alles war gesagt, nichts war zu tun. Ruhe.

Genieß es, dachte ich mir, heute ist so ein Tag, an dem du wieder weißt, wozu du die hohe Miete bezahlst. Und ich nahm mir vor, mich an diesen Abend zu erinnern, wenn es erst wieder kalt sein und die Gartenstühle im Keller stehen würden.

Um das Gefühl der warmen Nacht noch mehr auszukosten, stellte ich die Lehne etwas nach hinten und betrachtete noch einmal zufrieden mein Werk.

»Vor einer halben Stunde war

Gartenzwerg; Terrakotta; 50 cm groß; entstanden um 1900 in Gräfenroda.

hier noch ein Schlachtfeld. Jetzt geht das Ganze schon wieder eher als Garten durch. Nur den Tisch neben dem Grill muß ich nachher noch wegräumen«, dachte ich und sah auf ihm die kleine bunte Figur.

»Den Zwerg hätte ich auch gleich reinräumen können. Komische Idee, mir einen Gartenzwerg für den Schreibtisch mitzubringen. Wir haben doch nicht einmal Zwerge im Garten, wozu brauche ich dann erst einen neben dem Computer? Hat also wieder so ein Geschenkartikel-Fritze eine neue Marktlücke entdeckt? Und irgendeiner unserer Freunde läßt sich auch noch verlocken und kauft das Ding.«

Ich überlegte angestrengt, wem ich die Geschmacklosigkeit zu verdanken hatte. Denn eins war sicher, einfach im Keller verschwinden lassen oder weiterverschenken konnte ich ihn nicht, ohne daß der oder die eines Tages mit beleidigtem Blick den Zwerg in meinem Arbeitszimmer suchen würde. Dann wüßte ich zwar, wer da unter Geschmacksverirrung litt. Aber nur um den Preis peinlicher Erklärungen. Ich mußte mich also mit dem »Ding« – zumindest für ein paar Monate – anfreunden.

Als ich mir den Zwerg im Licht der Gartenfackel ein bißchen näher anschaute, schien er mir schon nicht mehr so häßlich, in seinen blauen Jeans, den Hosenträgern und dem weißen Hemd. Und er grinste auch nicht ganz so dümmlich wie die meisten seiner Art, die ich im Garten-Center immer wieder mit Schaudern gesehen habe.

»Na, alter Junge, genießt du deine freie Nacht? Erhol' dich gut, morgen ist dein erster Arbeitstag.«

Wie zur Antwort schaukelte er leicht mit dem Kuli in seiner rechten Hand.

Jetzt fang ich schon an mit dem Gartenzwerg zu reden. Wohl doch zuviel getrunken.

Ich schloß die Augen und dachte an gar nichts, als eine Stimme mich vom Tisch her ansprach.

»Tolle Nacht heute, was? Schön, daß du mir Gesellschaft leistest.«

Der Zwerg lag immer noch an der Stelle des Tisches, an dem ich ihn abgestellt hatte, aber er hatte seine Position verändert. Der Stift lag jetzt neben ihm, und er schaute mir jetzt direkt in die Augen.

»Du kannst doch nicht wirklich sprechen, oder? Ich träume das bloß!«

»Warum soll ich denn nicht sprechen können? Vielleicht hatte ich bisher nur keine Lust dazu.«

»Dann scheinst du ja wohl etwas Besonderes zu sein, oder können deine Kollegen auch sprechen?«

»Selbstverständlich bin ich etwas Besonderes. Schließlich bin ich der erste Gartenzwerg, der auf

(oben) Zwerg erschrickt vor einer Schnecke. Fayence; 50 cm groß; um 1920.

(Mitte unten) Zwerg als Gärtner (übermalt, Blech-Gießkanne fehlt); Terrakotta; 51 cm groß; Fa. Heissner/Lauterbach; ca. 1960.

(rechts unten) Nisse-Figuren sind in Skandinavien zur Weihnachtszeit sehr beliebt. Diese diente um 1950 als Leuchter, ist 7 cm groß und aus Steingut.

11

einem Schreibtisch Dienst schiebt und gleichzeitig als Kuli-Halter von Nutzen ist. Dazu arbeite ich rund um die Uhr, das ganze Jahr. Meine Kollegen im Garten haben nur einen Job von Mai bis Oktober. Den Rest des Jahres verbringen sie im Keller. Vermutlich pflegen sie darum auch keinen so engen Kontakt zu euch Menschen. Ob die

eine Erfolgsgeschichte war das ja nun wieder auch nicht. Erst verliert er im Kampf mit Siegfried seine Tarnkappe und dann den Hort der Nibelungen. Der Kraftprotz weiß in der Eile natürlich nichts mit dem plötzlichen Reichtum anzufangen und gründet die erste Treuhand. Alberich läßt sich breitschlagen, macht den Chef,

(von links nach rechts)
Zwerg mit Füllhorn; Terrakotta; 43 cm groß; Fa. Heissner/Lauterbach ca. 1960.

Zwerg mit Pflanztöpfen (Originalbemalung); 64 cm groß; Gräfenroda um 1930.

Schuhputzer (Zimmer-Zwerg, Originalbemalung); 28 cm groß; Gräfenroda um 1910.

auch mit dir reden könnten, weiß ich nicht. Ich bin ja nur ganz selten mal in einem Garten. Aber wenn ich's mir genau überlege, dann glaube ich, sie wollen nur unter sich bleiben und nichts von den Geheimnissen ausplaudern, die wir Zwerge seit Jahrhunderten hüten.«

»Geheimnisse? Ach, du meinst diesen Zwerg im Nibelungenlied, der den Schatz bewacht hat?«

»Nein, von Alberich rede ich nicht. Aber wenn du schon von allein auf meinen prominenten Ahnen zu sprechen kommst: So

und als Hagen dann später plündern kommt, rückt er den Schatz auch noch gegen allen Rat raus. Du siehst, alles schon mal dagewesen. Ich kann ihm nur zugute halten, daß er nicht gewußt hat, was der Schurke mit dem ganzen Gold vorhatte. Es ist ja müßig, darüber nachzudenken. Aber wenn Hagen den ganzen Schatz nicht im Rhein versenkt hätte, müßte unsereins vielleicht heute nicht als Gartenzwerg arbeiten.«

»Du machst Scherze.«

»Kann sein, vielleicht auch nicht. Auch das gehört zu unseren kleinen Geheimnissen. Denn wir spielen in unendlich vielen Sagen und Märchen wichtige Rollen. Vieles daran ist uns nur angedichtet worden, aber auch die dickste Lüge enthält ja oft ein Körnchen Wahrheit. Auf jeden Fall sind wir Zwerge eine verdammt alte Sippe. Mindestens genauso alt wie ihr Menschen, und unsere Wege

tausch getreten wäre, ohne im nachhinein in eine Klapsmühle eingeliefert zu werden?

»Gib zu, du weißt es nicht. Und außerdem denkst du gerade darüber nach, ob du vielleicht eine Meise hast, weil wir beide uns hier unterhalten.«

»Kannst du Gedanken lesen?«

»Das manchmal auch und noch

haben sich immer wieder gekreuzt in der Geschichte. Es scheint so, als ob ihr irgend etwas an uns findet. Oder wie kannst du mir sonst erklären, warum so viele Menschen gerade in letzter Zeit sich ausgerechnet einen Zwerg in den Garten geholt haben?«

Spontan wollte ich etwas von modischem Kitsch oder Kindchenschema antworten, aber das schien mir gegenüber meinem Gesprächspartner etwas unhöflich. Und wo hatte man je gehört, daß ein Mensch mit einem Gartenzwerg in einen Gedankenaus-

vieles mehr. Aber dazu sollten wir uns erst besser kennenlernen.«

»Besser kennenlernen? Wie meinst du das?«

Etwas verlegen wackelte der Zwerg mit dem Kopf.

»Ich hab' was vor mit dir. Seit ich heute abend zu dir gekommen bin, hatte ich Zeit, über vieles nachzudenken. Und du hast doch im Moment Urlaub, oder?«

»Was hast du vor?«

»Ich möchte ein bißchen Ahnenforschung betreiben, und du sollst mir dabei helfen.«

»Ahnenforschung, du – ein Gar-

(von links nach rechts)
Zwerg mit Zierkürbissen; Terrakotta; 23 cm groß; Fa. Spang, Ransbach/Westerwald um 1950.

Zwerg mit Botanisiertrommel und Schirm; Terrakotta; 25 cm groß; Fa. Spang/ Westerwald um 1950.

Zwerg auf Fliegenpilz; Terrakotta; 21 cm groß; um 1960.

tenzwerg? Das meinst du nicht im Ernst.«

»Du machst dich also über mich lustig! Noch vor wenigen Minuten hast du an deinem Verstand gezweifelt, weil du mit mir sprichst, und jetzt findest du meinen Wunsch lächerlich«, giftete der Zwerg. »Wir Gartenzwerge sind eine große Minderheit im Lande. Allein in Deutschland sind wir einige Millionen, und kaum ein Mensch weiß was über uns und unsere Geschichte. Das muß sich ändern!«

»Du willst also deine Familiengeschichte veröffentlichen?«

»Nein, das sollst du tun! Damit die Menschen endlich merken, was sie an uns haben.«

»Glaubst du, das interessiert irgend jemanden?«

»Über jeden Mist werden Artikel, Bücher und Fernsehsendungen gemacht. Ich hätte vielleicht deine Frau fragen sollen. Die ist jünger und erinnert sich vielleicht noch an die Zwerge in den Märchen. Die haben jeden Menschen,

der ihnen geholfen hat, reich belohnt.«

»Wir sollen also zusammen arbeiten und ein Buch schreiben?«

»Genau! Und das Buch wird ein Bestseller, wir beide werden stink-

reich, ich muß nicht mehr als Gartenzwerg arbeiten . . .«

» . . . und wir leben glücklich und zufrieden bis ans Ende unserer Tage.«

Ich war in einem Märchen – der Gedanke gefiel mir.

Angelnder Zwerg; Terrakotta; verwitterte Bemalung; 59 cm groß; Thüringen um 1930.

Liegender Zwerg; Terrakotta; 28 cm lang; übermalt; ca. 1960.

Titelbild des Katalogs
zur Ausstellung »Die
Zwerge kommen«
auf Schloß Trauten-
fels/Steiermark,
Österreich.

2. Wie der Zwerg in den Garten kam

»Also«, erzählte der Zwerg, »beginnen wir die Geschichte da, wo es am einfachsten ist. Bei meinen – die Menschen würden sagen – Urururururgroßeltern. Im Vergleich zu uns Gartenzwergen waren die etwas Besseres: Parkzwerge. Der Name sagt eigentlich schon alles über ihren Status. Denn einen Park konnten sich nur sehr reiche Leute leisten, und das waren damals die Adligen.

Es begann Anfang des 15. Jahrhunderts und nicht von ungefähr in Italien: Zu dieser Zeit waren die Türken auf dem Vormarsch nach Mitteleuropa. 1456 hatten sie Athen besetzt und verwüstet. Die griechischen Gelehrten wurden von den Türken verfolgt, und wem die Flucht gelang, der ging nach Italien. In Rom, Bologna und nicht zuletzt in Florenz ließen sie sich nieder und lehrten griechische

Philosophie. Das war an sich nichts Neues, hatten doch schon die Römer starke Anleihen am griechischen Denken und Glauben genommen. Nur war das Wissen darüber in den Jahrhunderten verlorengegangen oder entstellt worden. Das Mittelalter und die katholische Kirche hatten ihre Spuren hinterlassen. Die neuen Philosophen und ihre Schüler nannten sich *Humanisten*. Sie suchten aus den Werken der Antike neue Ideale der Bildung und eine Weltanschauung zu formulieren, die frei war von den starren, unduldsamen Regeln des Mittelalters. Diese Epoche, die wir seit 130 Jahren Renaissance nennen, legte auch den Keim für eine bisher unbekannte Art der Gartenkunst, die von Italien ausgehend in den nächsten zwei Jahrhunderten ganz Europa erfaßte. Im Barock des 17. und 18. Jahrhunderts erreichte sie dann ihre höchste Vollendung: Streng geometrisch, immer auf die Mittelachse des Schlosses bezogen, ordnete man die Parkanlagen mit schnurgraden Alleen, geschnittenen Hecken, Springbrunnen und Skulpturen. Das waren zunächst einmal Nachbildungen der griechischen Götter und allegorische Darstellungen. Aber wir Zwerge waren schon langsam und unbemerkt auf dem Vormarsch. Mit dem Ende des Mittelalters tauchten wir zuerst in den Kunstwerken von Malern nördlich

(oben und unten) Im Italien des späten 17. Jahrhunderts kamen die »gobbi« des Jacques Callot wieder in Mode. Heute unbekannte italienische Künstler schufen nach seinem Vorbild neue Motive und brachten sie mit großem Erfolg unter die Leute.

(links) Zwerge auf Dose; zweiteilig; Porzellan; 10 cm groß; Thüringen um 1880.

Die sechs Zwerge im österreichischen Stift Lambach wurden im April 1715 fertiggestellt. Sie sind – soweit es sich heute noch rekonstruieren läßt – die ersten, die nach den Vorbildern der damals wieder in Mode gekommenen Callot-Zwerge, als Plastiken geschaffen wurden. Die Jahrhunderte überstanden hat – ganz anders als viele ihrer Nachfolger – nicht nur die Zwergenschar. Auch ihre phantasischen Namen sind überliefert: »Oswald von Stroblbardt«, »Holloka Tschimitschko Buttiam Uram«, »Christl Vestnbalkh« (oben von links nach rechts); »Natna Hirschl«, »Nicolo Cantabella«, »Dan Hagel« (unten von links nach rechts).

der Alpen auf, wie bei Hieronymus Bosch und auch Pieter Breughel dem Älteren.

Hofzwerge hielten sich zuerst die italienischen Fürstenhöfe. *Hielten* übrigens im wörtlichen Sinn. Genau, wie man sich ein Windspiel oder ein edles Pferd hielt. Und zusammen mit den Hunden ließ man sie auch auftreten – zur Belustigung des Hofstaates. Den Hofzwerg hat dann auch bald die Malerei für sich entdeckt: in der Frührenaissance im Gefolge des Fürsten und seiner Höflinge und später dann auch als Porträt.

Gegen Ende der Renaissance entstanden, wiederum in Italien, die ersten Bronze- und Marmorplastiken von Verwachsenen, wahrscheinlich wiederum krasse Porträts damals lebender Hofzwerge. Als die ersten frühen Garten-, besser Parkzwerge fanden sie in Florenz, in den Gärten der Boboli und der Villa Carreggi, ihre Plätze. Zum Entzücken der lustwandelnden Adligen und in ihrer Mißgestalt im bewußten Gegensatz zu den damals so beliebten antiken Göttern, Nymphen, Panen und Faunen, die am Rande oder Ende der Parkwege und Alleen, an Brunnen und Teichen die Parkanlagen schmückten.

Zu Beginn des 17. Jahrhunderts wurden Verwachsene und Krüppel von dem lothringischen Kupferstecher und Radierer Jacques Callot erstmals mit spitzer Feder karikiert. Seine Spezialität waren wirklichkeitsnahe Darstellungen aus dem Volksleben und dem Dreißigjährigen Krieg, der zu seinen Lebzeiten Mitteleuropa verwüstete. Er hat fahrendes Volk, Bettler und andere Zeitgenossen in seinen Bildern festgehalten. Aber zwanzig verwachsene Zwerge, die er 1616 in einer Serie sogenannter *gobbi* schuf, haben seinen Namen in der Kunstgeschichte mit den Zwergen fest verbunden. *Callot-Zwerge* ist ein Gattungsbegriff des Spätbarock, eines Zeitabschnitts also, als der Künstler schon Jahrzehnte tot war.

Es war ein unbekannter Künstler, der zu Beginn des 18. Jahrhunderts ein Bilderbuch in der Tradition von Jacques Callot herausbrachte. In amüsanter und gefälliger Weise stellte er verschiedene Berufsstände ironisch dar und war damit anscheinend in eine *Marktlücke* gestoßen. Die neuen sogenannten »Callot-Zwerge« wurden ein Renner. Sie wurden in Stein gehauen und in der frühen Meißner Manufaktur sogar in Porzellan nachgebildet. Es gab sie auf Ofenkacheln und sogar als Kuchen- oder Marzipanmodel. Die Porzellanfiguren sind längst kaputt, die Marzipankopien aufgegessen, aber die Sandsteinkopien können

wir noch heute betrachten — vor allem auf Adelssitzen in Süddeutschland und in Böhmen, aber auch in Italien, wo eine reiche venezianische Steinmetzindustrie diese *Pseudo-Callot-Zwerge* produzierte. Denn die Barock-Fürsten nahmen die neue Mode gerne auf und ließen ihre Schloßgärten von den neuen Zwergenfiguren bevölkern. Es wurden Zwergengalerien geschaffen, die den jeweiligen Hofstaat und seine Mitglieder *auf die Schippe* nahmen.

Der Kunsthistoriker Gustav Hartlaub, der ein ganzes Buch meinen Ahnen gewidmet hat, beschreibt, daß diese neuen Zwerge schon 1711 im Schloßpark von Kukus in

Böhmen und bald danach auf einer Terrassenbrüstung des Schlosses Neuwaldegg in Wien auftauchten, wohin sie aus einem böhmischen Schloßpark versetzt wurden. Auch das berühmten *Zwergltheater* aus dem Schloßgarten von Mirabell, das jeder Besucher Salzburgs kennt, gehört dazu, wenn auch hier ein Bildhauer nicht nur die *Callot-Zwerge* kopiert, sondern dem aktuellen Zeitgeist angepaßt hat. Für mich am schönsten ist das Zwergenvolk im Schloßpark des hohenlohischen Weikersheim bei Stuttgart.

Weikersheim ist ein romantischer Ort im Taubertal. Zwischen Weinbergen und Wäldern liegt

Schloß Weikersheim. Im Vordergrund der berühmte Barockgarten. Dahinter klein und versteckt — wie es sich für Zwerge geziemt — die nicht minder berühmte Balustrade, auf der die 16 Zwerge stehen.

19

Ebenfalls auf die Tradition der Callot-Zwerge und ihr Wiedererscheinen um 1710 ist die Zwergengruppe in Schloß Weikersheim zurückzuführen. In den Gärten Süddeutschlands, Böhmens und Österreichs waren Zwergengruppen in der ersten Hälfte des 18. Jahrhunderts sehr beliebt. Die Zwerge von Weikersheim aber sind die einzigen, die die Jahrhunderte gemeinsam und unbeschadet überstanden haben.

das Residenzstädtchen mit seinem Schloß, dem Stammsitz der Fürsten zu Hohenlohe.

Kein Reiseführer, der nicht den prachtvollen Rittersaal mit seiner überdimensionalen Kassettendecke erwähnt und das Bauwerk im Ganzen als eines der schönsten in Franken rühmt.

Von der Mitte des Schlosses führt – ganz in der Tradition der barocken Parkanlagen – eine Brücke über den Schloßgraben direkt zur Längsachse der rechteckigen Anlage. Sie ist heute eine der wenigen noch vollständig erhaltenen aus dieser Zeit. Und auch ihr Zwergenvolk ist das ein-

1713 bis 1714 ließ Graf Carl Ludwig von Hohenlohe die Zwerge für seinen Barockgarten von den Gebrüdern Sommer fertigen.
Nach der Überlieferung sollen sie den Hofstaat der kleinen Residenz karikieren.

zige, das komplett die 270 Jahre seit seiner Erschaffung überstanden hat.

Carl Ludwig von Hohenlohe konnte den Moden seiner Zeit nicht widerstehen. Von seinen Reisen nach Italien und Frankreich hatte er die Idee mitgebracht, sich einen Barockpark anlegen zu lassen. Ein kleines Abbild von Versailles wollte er in Weikersheim haben. 1709 begannen die Arbeiten nach Plänen aus Paris. Aber ein Barockpark ohne Figuren war undenkbar. Also mußten antike Götter her, allegorische Darstellungen der vier Winde, vier Elemente, vier Jahreszeiten und der

Hofrat, der Hofnarr, der Hofjägermeister und all die anderen. Ein
kleiner Hofstaat war so entstanden. Typisch ist auch die Art, wie
sie postiert wurden: In Reih und
Glied haben sie die Terrassenge-
länder, Mauern und – wie hier –
die Balustraden bevölkert. Wie
gesagt, was du in Weikersheim
besichtigen kannst, ist das letzte
vollständig erhaltene Ensemble.
Sechzehn Zwerge wurden damals
für diese Balustrade gefertigt, und
sechzehn stehen noch da. Sonst
überall wurden sie im Laufe der
Jahrhunderte zerstört, verschleppt,
verhökert oder sind sonstwie
abhanden gekommen.
Was übrigblieb, ist, abgesehen
von Weikersheim, zumindest
unvollständig.

Einer der Zwerge sollte den Hof-
juden Lämmle Seligmann darstellen, den Hofbankier des Fürsten,
der den Schloßbau finanziert hat.
Keiner weiß mehr, wie oft er nach
Frankfurt reisen mußte, um das
nötige Kleingeld aufzutreiben.
Und wie schnell das Geld wieder

Der Hofstaat von Wei-
kersheim, wie ihn die
Künstler vor 280 Jah-
ren gesehen haben.
Noch heute sind die
meisten Zwerge in
ihrer Rolle bei Hofe
deutlich zu identifizie-
ren.

vier Erdteile. Du siehst, die Ent-
deckung Australiens hatte sich bis
Weikersheim noch nicht herumge-
sprochen. Über zehn Jahre waren
zwei Bildhauer beschäftigt, die 53
Plastiken zu schaffen. Allein zwei
Jahre hat es gedauert, bis die
sechzehn Zwerge fertig waren: der

zerrann, hat der Bildhauer auch dargestellt. Durch ein Loch im Wams purzelt ihm das Geld heraus. Der Fürst wollte vielleicht nicht nur Versailles kopieren. Auch der Lebensstil des französischen Sonnenkönigs hatte es ihm angetan.

Eine Frage hat mir im übrigen lange Kopfschmerzen bereitet:

In der Zwergengalerie von Weikersheim stehen auch eine Hofgärtnerin, die Hofköchin und noch vier weitere weibliche Zwerge. Warum gibt es nicht auch weibliche Gartenzwerge?

Ehrlich gesagt: Ich weiß es nicht genau. Vielleicht liegt es daran, daß die Parkzwerge eben nur ein Teil unseres Stammbaums sind. Man darf sie nicht verwechseln mit den Zwergen der Sagen, wie dem schon erwähnten Alberich. Vielmehr hatten die Parkzwerge ursprünglich kleinwüchsige Menschen zum Vorbild, die Hofzwerge eben, und die gab es in beiderlei Geschlecht. Vielleicht ist es aber auch so, daß die Parkzwerge gar keine echten Zwerge sind, sondern nur in Zwergengestalt Hochmut und Arroganz der Menschen lächerlich machen sollten?

Wie es auch immer gewesen sein mag: Die Parkzwerge verschwanden als Mode so schnell, wie sie gekommen waren. Schon

Lämmle Seligmann, der Hofbankier des Grafen (links oben mit Brille), sorgte für das nötige Kleingeld beim Schloßbau und wurde dafür auch in der Zwergengalerie verewigt. Von den anderen Mitgliedern des Hofstaates sind keine Namen überliefert. Sie sind als Hofjägermeister, Hofnarr, Wachtmeister oder auch als Faulpelz in die Geschichte der Zwerge eingegangen.

Zwergin; Terrakotta; 29 cm groß; Fa. Heissner/Lauterbach ca. 1960.

Mitte des 18. Jahrhunderts wandelte sich der Geschmack der adligen Parkbesitzer. Die Epoche des Barock ging zu Ende, und in den Parkanlagen des folgenden Rokoko war für die derben Parkzwerge auf den Balustraden kein Platz mehr. An ihrer Stelle vergnügten sich nun eher harmlose Putten oder Kinder beim Tanz. Im Hofgarten von Veitshöchheim bei Würzburg oder im Wiener Belvederepark kann man sie heute noch so besichtigen. In anderen Parks wurden die Zwerge dem neuen Zeitgeschmack angepaßt und umgeschult. Man gab ihnen Musikinstrumente in die Hände, damit sie sich besser in die galante und schwärmerische Welt des Rokoko einpaßten.

Die *Callot-Zwerge* hatten somit endgültig ausgedient. Aber wir Zwerge verschwanden nicht für lange Zeit. Schon bald besann man sich zurück auf uns und unsere sagenhafte Vergangenheit.

Eine eigene Theorie über unsere Vorbilder entwickelte vor

Zwerge, die im Berg ihr Wesen treiben. Ein Motiv, das die Werbe-Grafiker wieder gerne für ihre Produkte einsetzten. Dieses Schaufenster Display entstand um 1900.

wenigen Jahren der Kieler Soziologe Hans-Werner Prahl.

Für ihn stammen die Vorfahren des deutschen Gartenzwergs aus den Bergwerken Anatoliens. Dort wurden im späten Mittelalter reiche Kohle- und Erzvorkommen abgebaut, und zwar von besonders kleinwüchsigen Menschen. Prahl behauptet, es seien Pygmäen aus Afrika gewesen, die man als Sklaven in die türkischen Gruben verschleppt hatte. Diese Pygmäen verfügten trotz ihrer geringen Größe über enorme Kräfte. Sonst hätten sie die Arbeit wohl auch kaum leisten können. Den Einheimischen sei aber die Kraft ihrer gezwungenen »Gastarbeiter« unheimlich gewesen, und so hätten sie versucht, diese in Steinfiguren zu bannen. Eine verrückte Idee, aber die Menschen müssen damals wohl geglaubt haben, die steinernen Ebenbilder ihrer Sklaven würde die Kraft und das Können der Pygmäen auf Dauer ihren Besitzern sichern.

Jedenfalls, so behauptet Prahl, seien einige dieser Figuren von italienischen Händlern und Seefahrern im späten Mittelalter dann nach Italien gebracht worden und hätten die Tradition der Parkzwerge mit begründet.

Wie du siehst, bezieht Prahl sich aber ausdrücklich auf Abbildungen von uns Zwergen. Vielleicht weiß er gar nicht, daß es uns auch als lebende Wesen unter euch gegeben hat.

Unsere direkte Abkunft liegt also im dunkeln. Eine direkte Verbindungslinie vom barocken Parkzwerg zum Zwerg, der seinen Platz im Garten findet, verbietet sich. Das einzige, was uns verbindet, ist nur die Größe. Wen wir darstellen und wofür wir stehen, dazwischen liegen Welten! Schließlich gab's uns Zwerge, bevor es Mode

wurde, daß sich bedauernswerte Krüppel am Hofe irgendeines Barockfürsten verdingen mußten.

Zur dekorativen Illustration zu Büchern und Zeitschriften, die sich im engeren oder weiteren Sinn mit Bergbau beschäftigen, bevorzugen die Gestalter Ende des 19. Jahrhunderts Zwergendarstellungen. So auch bei diesem Buch, das 1898 erschien.

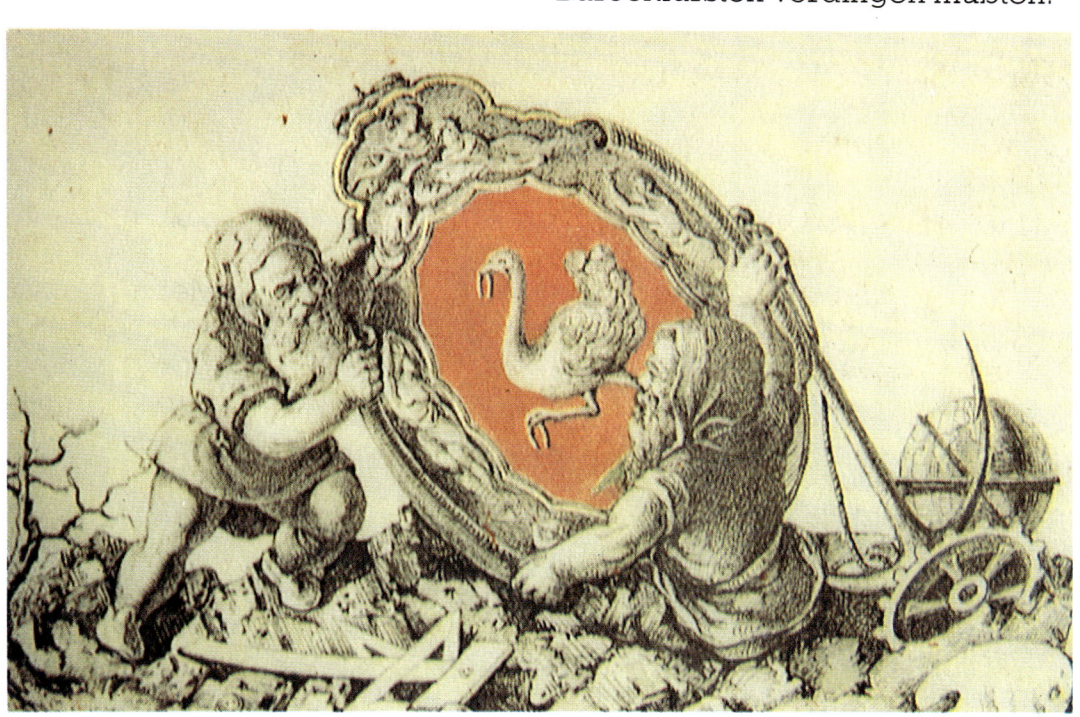

Ausschnitt aus einer Ehrenbürgerschaftsurkunde der Stadt Leoben, 1865.

3. Auch Gartenzwerge haben Ahnen

(oben) Briefbeschwerer; Gußeisen; 5,7 cm groß; Gravur am Boden »Zum 50. Geburtstag«; um 1910.

(rechts) Briefbeschwerer; Gußeisen; 9 cm groß; um 1910.

(unten) Fayence-Vase; Kurt Meyer/Karlsruhe ca. 1980.

Uns Zwerge aber gibt es schon, solange es Menschen gibt – mindestens.

Selbst heute, wo alle Welt behauptet, wir seien ausgestorben, sind wir noch da, und zwar – wie du selbst siehst – ziemlich sichtbar.

In dunkler Vorzeit haben wir uns mehr versteckt gehalten, aber irgendwie haben wir uns doch immer wieder zu erkennen gegeben und in Sagen und Märchen fast aller Völker unsere Spuren hinterlassen: als Zwerge, Wichte, Heinzelmännchen, Gnome oder welche Namen uns die Leute sonst gegeben haben. Schon die alten Ägypter haben Zwerge gekannt, später tauchten wir bei den Griechen und dann bei den Römern auf. Und immer wieder haben die Menschen phantasiert, woher wir stammen. Der Aberglauben hat zu allen Zeiten Blüten getrieben. Abhängig von der Landschaft und der Epoche, glaubten die Menschen, daß wir vor ihnen geschaffen wurden und am jüngsten Tag die Erde wieder in Besitz nehmen würden. Oder man nannte uns *Heideleutchen*, die beim Höllensturz nur darum keine Teufel geworden seien, weil sie an Bergen und Bäumen hängengeblieben sind. So kam es, daß wir im Mittelalter bei manchen als gefallene Engel galten.

Andere erzählten, daß wir schon seit undenklichen Zeiten im jeweiligen Landstrich seien, oder – und das ist ja schon beinahe genau – *schon vor der Erfindung des Bierbrauens gelebt hätten.*

Oder wir waren eben eingewandert. In Schwaben hieß es, wir stammten *aus Schlesien* oder gar *aus dem Morgenland*. Nur weit weg mußte es damals für die Menschen sein, damit sie sich einen Reim auf uns machen konnten.

Im 16. Jahrhundert hat der berühmte Arzt Paracelsus versucht, uns unter den damals bekannten oder vermuteten Lebewesen einzuordnen:

Weiter wisset, daß noch zwei Arten Geschöpfe sind, die auch in die Schöpfung der Nymphen und

Pygmäen gehören, das sind die Riesen und die Zwerglein, die nicht aus Adam geboren sind . . . . Nun wisset aber von diesen zwei Geschlechtern, Riesen und Zwergen, – die Riesen kommen von den Waldleuten und die Zwerge von den Erdmännlein, und es sind beides Mißgeburten , wie die Sirenen von den Nymphen. Sie schlagen nicht in ihr Geschlecht, sondern sie sind Monstra des Geschlechtes, aus dem sie herkommen.

Klingt nicht sehr schmeichelhaft für uns Zwerge, aber wenn ich dir schon berichte, will ich auch vollständig erzählen.

Im übrigen waren sich aber die Menschen in allen Gegenden und zu allen Zeiten einig, daß wir chthonische Wesen seien, also aus dem Erdinneren stammen, in Höhlen und Grotten oder einfach *unter dem Kuhstalle* leben. Mal waren wir böse und schadeten den Menschen, naschten an ihrer Wurst, versalzten die Suppe oder stahlen gar Kinder. Mal waren wir wieder gut, halfen, die Felder zu mähen, Flachs zu spinnen, zeigten verborgene Schätze oder sagten die Zukunft voraus – es war eben wie im richtigen Leben.

Kurz gesagt: Wir waren eben immer ein etwas geheimnisvolles Völkchen, das mit Mächten in Verbindung stand, vor denen sich die gewöhnlichen Zeitgenossen nur in acht nehmen konnten.

»Zwergengeburt«; Steingut 3-teilig; Zwergenkaufhaus/ Rot am See 1990.
Die drei wichigsten Phasen (nach Griebel)
1. Tag: Die Zipfelmütze hat erfolgreich die Grasnabe durchstoßen.
2. Tag: Noch etwas geblendet erblickt ein Zwerg das Licht des Gartens.
3. Tag: Mit beiden Händen stemmt er sich aus dem Erdreich, das ihn bis dahin beschützt hat. Ein neues Zwergenleben beginnt.

Ein sogenanntes »Buckelbergwerk«, entstanden wahrscheinlich im Erzgebirge um 1900. Zu dieser Zeit zogen invalide Bergleute mit solchen selbstgefertigten Modell-Bergwerken auf dem »Buckel« als Attraktion von Ort zu Ort. Die kleinen Figuren im Inneren, die das Leben der Bergleute darstellen, waren mechanisch betrieben. Und zur Illustration durften die Zwerge natürlich nicht fehlen.

Zwergin; Pappmaché; 60 cm groß; Schülerarbeit Max-Born-Gymnasium, Germering 1992.

Die Alchimisten des Mittelalters vermuteten, daß ihr *Stein der Weisen* im Bergesinneren zu finden sei. Vielleicht hatten deshalb gerade die Bergleute immer eine besondere Achtung vor uns. Im

selben Jahrhundert wie Paracelsus, zu einer Zeit also, als der Bergbau schon weit vorangeschritten war, widmete uns der berühmte Mineraloge Georg Agricola in seinem Werk über Berg- und Hüttenwesen folgende Zeilen:

Es gibt aber auch gute Geister, die manche in Deutschland, wie die Griechen, Kobolde nennen, weil sie Menschen nachahmen. Denn in lauter Fröhlichkeit kichern sie und tun so, als ob sie viele Dinge verrichteten, während sie tatsächlich nichts ausführen. Manche nennen sie auch Bergmännchen; sie besitzen die Gestalt eines Zwerges und sind nur drei Spannen lang. Sie sehen greisenhaft aus und sind bekleidet wie die Bergleute . . . Sie pflegen den Bergleuten keinen Schaden zuzufügen, sondern treiben sich nur in Schächten und Stollen herum. Und obwohl sie eigentlich nichts schaffen, tun sie doch so, als ob sie sich

in jeder Art Arbeit üben wollten; sie graben Gänge, füllen das Ausgegrabene in Gefäße und drehen den Förderhaspel. Manchmal necken sie die Arbeiter mit Goldkörnern, tun ihnen aber nur selten etwas zuleide ... wenn man sie nicht auslacht oder durch Schimpfworte gereizt hat. Sie ähneln daher jenen guten Geistern, die den Menschen nur selten erscheinen, ihm aber täglich die Hausarbeit abnehmen und das Vieh versorgen ...

Die Berggeister arbeiten am liebsten in Gruben, in denen Metalle gewonnen werden oder in denen man solche zu finden hofft. Deshalb lassen sich die Bergleute durch sie auch nicht schrecken, sondern nehmen sie als ein gutes Zeichen, werden fröhlichen Mutes und arbeiten um so fleißiger weiter.

Und das zeigt uns auch die älteste Zwergendarstellung. In einer

Handschrift von 1420, die in der Züricher Stadtbibliothek gefunden wurde, hat uns ein unbekannter Künstler bei unserer angeblich typischen Beschäftigung dargestellt: beim Bergbau.

Der Bergbau – und damit komme ich wieder zurück auf die schon erwähnten Sagen unserer Herkunft – soll uns übrigens nach Mitteleuropa gebracht haben.

Im 16. Jahrhundert glaubten die Menschen, daß Zwerge als Bergleute tief im Inneren der Erde nach Erzen suchen.

Zwergendarstellung aus der Handschrift »Aurora consurgens« entstanden um 1420.

29

Tischuhr; massiv Gips; 50 cm groß; wahrscheinlich Schießbuden-Preis aus Österreich ca. 1920.

»Mama, der Zwerg mit dem Koks ist da!« Werbekarte aus Wien, entstanden um 1900.

Unsere Geschichte beginnt zur Bronzezeit auf der griechischen Insel Kreta. Damals sollen – so beschrieben es zumindest die griechischen Gelehrten Diodor und Strabon – kleinwüchsige Menschen den Berg Ida nach Metallen und Erzen durchwühlt haben, die *ein Gefallen am Herumschweifen in den Bergen hatten.* Daktylen, Fingermännchen, nannten die beiden die kleinen Bergleute, aber selbst gesehen haben sie sie wohl kaum. Die Bronzezeit begann auf Kreta vor rund 4.500 Jahren, und im Jahrhundert vor und nach Christi Geburt lebten Diodor und Strabon.

Wiederum bald 2.000 Jahre später, also in unserem Jahrhundert, lebte in Berlin Professor Heinrich Quiring, der sich wissenschaftlich mit der Geschichte des Bergbaus beschäftigt hat und dabei auf die Spur der Daktylen stieß. Ganz anders aber als die beiden Griechen konnte Quiring auf umfangreiche Berichte von archäologischen Funden zurückgreifen. Funde, die beweisen sollten, daß die Daktylen von Kreta gen Norden aufgebrochen waren, um neue Minen mit Gold oder anderen Edelmetallen zu entdecken.

Ihr ständiger Begleiter war ein unverwechselbares und nur von ihnen benutztes Werkzeug: die kupferne Kreuzhacke. Das war eine Kombination aus Beil und Hacke, mit der die Zwerge das Erdreich aufreißen und Schürfgräben in den Boden ziehen konnten. Dazu benutzten sie kupferne Hammerbeile und Breithacken. Zerschlagen wurde das Gestein mit kupfernen Grobfäusteln.

Ihren Ursprung hatten diese Werkzeuge, so behauptet Quiring, auf Kreta, wo sie schon um 2500 vor Christus benutzt wurden.

Gefunden hat man sie aber im Norden Deutschlands und Polens.

SALON-KOHLE.

J. PETER

I. JASOMIRGOTTSTR. 6.

30

(links) Zwerg mit Vase; Biskuitporzellan; 12 cm groß; Thüringen um 1900.

Aber in ihren Sagen und Märchen bewahrte die einheimische Bevölkerung die Erinnerung an diese seltsamen Besuch über die Jahrhunderte. Aus den kleinen Schürfern der Bronzezeit wurden die Zwerge, die nun anstelle ihrer historischen Vorbilder die Phantasien von Generationen beschäftigten. Was die Daktylen ihren Zeitgenossen in Mitteleuropa an Wissen und Kenntnissen voraus hatten, wandelte sich bei den Zwergen in den Sagen und Märchen zu Zauberei und geheimem Wissen.

Der schon erwähnte Kunsthistoriker Gustav Hartlaub lehnte diese

Zwergenpaar; Ziegeleiton mehrfach übermalt; 86 cm groß; Pfalzziegelwerk/Bexbach um 1890.

Und daraus zog der Professor den Schluß, daß die kleinen Bergleute bei ihrer Goldsuche bis zu uns vorgedrungen seien. Vor ungefähr 4.000 Jahren kamen sie demnach von den Nordkarpaten über die Sudeten nach Thüringen, wie sich anhand von Werkzeugfunden beweisen lasse. Die Goldsucher sind aber bei ihren Wanderungen Richtung Nordwesten scheinbar nicht fündig geworden. Darum sind sie aus den meisten Gebieten nach kurzer Suche wieder verschwunden. Nur an wenigen Stellen trieben sie kleine Stollen in den Fels. Quiring beschreibt Stollen von 90 cm Höhe und 52 cm Breite und enge Schächte, die von den Daktylen in den Fels gehauen wurden.

Wenn sie allerdings nichts oder wenig fanden, dann verschwanden sie bald auf Nimmerwiedersehen. Ihre Auftraggeber – entweder kretische Händler oder gar Könige – ließen sie dann in anderen Gegenden suchen.

Leoben in Österreich ist eine Stadt mit Bergbau-Tradition. Aus diesem Grund wählte ein Gesangs-verein 1888 Zwergen-motive für den Zier-rahmen einer Ehren-urkunde.

Theorie übrigens ab. All die Zwerge in den Märchen und Sagen der Völker könnten nicht ihren Ursprung in dem Volk der kleinwüchsigen, aber wanderlusti-gen Bergarbeiter aus Kreta haben.

Er suchte den Ursprung von uns Zwergen in euren Märchen und Sagen an einer ganz anderen Stelle: in euren Köpfen.

Gehört doch die Idee des Zwer-gengeschlechtes vielleicht zu den dem Menschengeschlechte als solchem von jeher eigenen und vorgeformten Urbildern, die der vielzitierte C.G. Jung als Archety-pen bezeichnet hat – was unter anderem bedeutet, daß sie, unbe-kümmert um die jeweils aktuellen und vergänglichen Wunschbilder eines Zeitalters, sich in unseren Träumen... unverändert erhalten, meinte Hartlaub.

Es sind archaische Urbilder, die fest im menschlichen Denken und Fühlen verankert sind und euer Handeln mitgestalten – von Kin-desbeinen an: Da habt ihr die tückische Schlange, die böse Hexe, die gute Fee und irgendwie mitten drin in euch auch uns, die Zwerge.

Ihr bewahrt uns als etwas, das euch scheinbar vertraut ist und wohl euer Bedürfnis nach Harmo-nie anspricht. Zumindest was die *guten* Zwerge in den Märchen und Sagen angeht. Ihre Welt ist klein, heil und leicht überschaubar. Wie bei den *Sieben Zwergen*. Sie sind mit sich und ihrer Welt im reinen. Und natürlich arbeiten auch sie im Bauch der Erde. Frei von eigenen Wünschen und Bedürfnissen leben und arbeiten sie im ange-stammten Rhythmus, und nur von außen werden durch Schneewitt-chen und ihre böse Stiefmutter die Probleme in ihren Alltag getragen.

Vielleicht verhält es sich ebenso mit der Liebe der Menschen zu uns Gartenzwergen. Auch wir zei-gen euch eine Gegenwelt zu eurem Alltag.Ist dies vielleicht der Grund, warum wir bei euch so beliebt sind? Genau wird es wohl nie ergründet werden.

Zwerg mit Pfeife; Ton; 34 cm groß; VEB Gräfenroda um 1970.

Zwei Angler ohne Angel; Ton; 30- und 27 cm groß; VEB Gräfenroda um 1970.

Drei Kartenspieler mit Fliegenpilz; Ton; je 25 cm groß; Gräfenroda um 1950.

4. Es war einmal...

Ich hoffe, mein kleiner Exkurs hat dich nicht allzusehr ermüdet. Aber wenn mich erst mal die attische Biene gestochen hat, gerate ich ins Philosophieren, und nichts hält mich dann auf. Du mußt mich dann einfach unterbrechen...«

Ich wollte gerade noch einwerfen, daß er ruhig fortfahren solle, da begann der Zwerg schon wieder loszulegen.

»...also, wir waren beim barocken Parkzwerg stehengeblieben und seinem gerechten Ende mit dem Beginn der Aufklärung. Wie schon gesagt, war es genug mit den Abnormitätendarstellungen in den adligen Gärten. Die Besitzer entwickelten einen empfindsameren Geschmack, der Platz für die Putten schuf, die eine heitere, naturschwärmerische Stimmung in die Gärten brachten.

Und es war gerade die Zeit der Aufklärung, die uns, die wahren Zwerge aus Sagen und Märchen, die wir immer in euch waren, zurück in euer Bewußtsein holte.

Die Zeit und das Gemüt des sich entwickelnden deutschen Bürgertums arbeiteten für uns. Auch wenn unser Platz für Jahrzehnte erst einmal das Märchenbuch und nicht der Garten war. Denn mit der Wende zum 19. Jahrhundert begann auch in Deutschland die Epoche der Romantik, und mit ihr wurden auch die Märchen und Volkssagen wieder entdeckt.

Ich will dich nicht mit allzuviel

Theorie langweilen, darum nenne ich an dieser Stelle nur die Brüder Jacob und Wilhelm Grimm, denen wir Zwerge viel zu verdanken haben. Sie haben uns durch ihre Arbeiten vor dem Vergessen gerettet, weil sie Märchen und

Sagen gesammelt und aufgeschrieben haben. Denn über Generationen wurden diese Geschichten meist nur weitererzählt und selten schriftlich festgehalten.

Zwischen 1812 und 1822 veröffentlichten die Grimms ihre drei Bände der *Kinder- und Hausmärchen*, und immer wieder tauchen in diesen Geschichten Zwerge auf.

Denk nur an die Geschichte vom *Rumpelstilzchen*, die vermutlich nach einer alten Zwergensage entstand und von einem armen Mädchen erzählt, das durch die Prahlerei ihres Vaters vor dem König ins Unglück gestürzt wird. Kann sie

Der undankbare Zwerg zusammen mit Schneeweißchen und Rosenrot, wie sie ein unbekannter Künstler für das Märchen der Gebrüder Grimm malte.

doch unmöglich Stroh zu Gold spinnen. Mit dem Tode bedroht, wenn sie das Versprechen nicht einlöst, hilft ihr der Zwerg, das Unmögliche möglich zu machen. Aber ihr Helfer ist alles andere als uneigennützig. Für die drei Kammern Stroh, die er zu Gold spinnt, verlangt er erst ihren Schmuck und später dazu ihr eigenes Kind. Das Mädchen willigt ein und verspricht nach Jahresfrist das Kind.

Als der Tag herannaht, ist aus dem Mädchen die Königin geworden, die nun selbstbewußt mit dem Zwerg um das Neugeborene kämpft. Der läßt sich auf den Handel ein, daß die Königin ihr Kind behalten darf, wenn sie seinen Namen errät. Zweimal erscheint der Zwerg, und zweimal rät sie vergeblich. Als Rumpelstilzchen, voller Vorfreude auf den Sieg, um ein Feuer tanzt und seinen Namen singt, wird er belauscht. So gewinnt die Königin beim dritten Versuch den Kampf um ihr Kind. Und Rumpelstilzchen, der erkennt, daß er sich selber um den Sieg gebracht hat, zerreißt sich vor Wut in Stücke.

Hausmärchen

Auch in *Schneeweißchen und Rosenrot* spielt ein Zwerg die Rolle des Bösen. Wohl deshalb ist das Märchen auch unter dem Namen *Der undankbare Zwerg* bekannt. Die beiden Mädchen mit den märchenhaften Namen überraschen ihn mehrmals im Wald, wie er versucht, Schätze aus Verstecken zu stehlen. Daß er dabei jedesmal verunglückt und von den Mädchen gerettet werden muß, macht ihn immer wütender. In seiner Undankbarkeit will er die beiden einem Bären zum Fraß vorwerfen. Aber damit ist sein Maß voll. Die vermeintliche Bestie erschlägt den Zwerg und steht als strahlender Prinz vor den Mädchen. Die sind

gerettet, und der Prinz hat seine Rache vollendet. Denn es war der böse Zwerg, der ihn verzaubert hatte, um seine Schätze zu rauben.

Ob sich die Zahl der guten und der bösen Zwerge in den Märchen die Waage hält, hat noch kein Germanist untersucht.

Aber da in meinen ersten beiden Beispielen die Zwerge ziemlich schlecht wegkommen, will ich dich noch an *Schneewittchen* erinnern. Da treten in nur einem Märchen sieben gute Zwerge auf einmal auf. Die böse Rolle spielt in dieser Geschichte die Stiefmutter, vor der Schneewittchen bei den Zwergen hinter den sieben Bergen

Hausmärchen und Zwerge sind untrennbar miteinander verbunden. Wie bei dieser Illustration, die 1858 in Dresden erschien.

Dose; Steingut mit handcoloriertem Abziehbild; 7,5 x 7,5 cm; Fa. Regl/Höhr-Grenzhausen um 1960.

(Seite 37) Schneewittchen und die sieben Zwerge; Papier; Nachdruck einer Oblate; Original Deutschland um 1900.

(rechts unten) Schneewittchen und die sieben Zwerge; Terrakotta; Figuren zwischen 8,5 und 15 cm groß; Fa. Heissner/Lauterbach um 1970.

Zuflucht suchte. Das Mädchen wurde der gute Geist der Männerwirtschaft, denn die Sieben haben den klassischen Beruf der Zwerge, sie waren Bergleute und kamen nur zum Schlafen nach Hause zurück. Zweimal gerade rechtzeitig, um Schneewittchen vor Anschlägen der Stiefmutter zu retten. Beim dritten Mal waren die Sieben, die im Gegensatz zu vielen ihrer Kollegen in den anderen Märchen über keine Zauberkräfte verfügten, hilflos. Es war Zeit, daß ein Märchenprinz erschien, der Schneewittchen endgültig rettete und nach Hause führte. Die Grimms hatten das *happy end* für ihre Leser, und die Zwerge konnten wieder sorgenfrei ihrem Bergbau nachgehen.

Auf eine Goldader stieß 1938 Walt Disney, als er *Snow White and the Seven Dwarfs* als abendfüllenden, farbigen Zeichentrickfilm in die Kinos brachte. Schon im ersten Jahr spielte das Märchen acht Millionen Dollar ein, mehr als jeder Film vor ihm.

Über die Leinwand wurden die sieben Zwerge und ihr Schneewittchen endgültig weltberühmt. Seit über fünfzig Jahren hat jede neue Zuschauergeneration sie ins Herz geschlossen, und das wird sich auch in den nächsten fünfzig Jah-

ren kaum ändern. Die Sieben sind dann nachweislich würdige Greise, wenn sie im Gänsemarsch über die Leinwand marschieren und wie immer ihr *Heihoo, heihoo, wir sind vergnügt und froh* anstimmen. Aber Filmhelden, ob nun Mensch oder Zwerg, altern ja nicht.

Zum *nationalen Schatz* gekürt, wurde der Film 1989 von der Kongreßbibliothek in Washington in die Archive aufgenommen. Er soll so vor Schnitten oder Kürzungen bewahrt und in seiner ursprünglichen Fassung erhalten werden. Eine größere Ehre kann man einem Filmklassiker wohl kaum zuteil werden lassen. *Schneewittchen und die sieben Zwerge* teilen sie sich unter anderen mit *Vom Winde verweht*, *Manche mögen's heiß* und dem *Krieg der Sterne*.

Was das nun alles mit den Gartenzwergen zu tun hat?

Zum einen rede ich ja noch über die Märchenzwerge, die sie ja ohne Zweifel sind. Zum anderen sind es aber auch meines Wissens die ersten, die eine Brücke zu uns gefunden haben. Und schuld daran ist die Marktwirtschaft.

Der Disney-Konzern vermarktet seine Figuren in allen möglichen Formen und für die unterschiedlichsten Produkte:

Als Schlüsselanhänger, Plüschfigur oder Regenschirm, und die sieben Zwerge nun auch in Keramik – also als Gartenzwerge. So wie ich einer bin.

7190
ges. gesch.

Printed in
Germany

5. Wie der Gartenzwerg in die Welt kam

Zwerg mit Vogel; Terrakotta bemalt und verwittert; 31 cm groß; Fa. Heissner/Lauterbach ca. 1960.

Zwergenmotive nach Originalen von Andreas Untersberger; gemalt auf Holz; 47 x 49 cm; Originale um 1920.

Ich könnte dir jetzt noch stundenlang über Zwerge in deutschen Märchen erzählen. Aber eins ist dir vielleicht deutlich geworden: Die Zeit war reif für uns, die Zwerge.

Es war die Zeit des deutschen Biedermeier, die uns mit ihrer romantischen Gefühlslage erkannt und zur ersten Blüte gebracht hat. Der Begriff des Biedermeier umfaßt, wie du schon siehst, keine Epoche, sondern steht für einen Stil, der gleichzeitig auch andere Richtungen neben sich duldete.

Zunächst einmal aber ist Biedermeier eine Innenarchitektur, die in einem schlichten und behaglichen Stil dem Lebensgefühl des aufkommenden Bürgertums ent-

sprach. Gleichzeitig beschreibt er aber auch eine bestimmte Geisteshaltung zwischen dem Ende der Befreiungskriege gegen Napoleon und der ersten bürgerlichen Revolution in Deutschland, also ungefähr die Zeit zwischen 1815 und 1848, auf die auch die schon erwähnte Romantik ihren Einfluß hatte.

Ganz geschickt verquickt der Kunsthistoriker Gustav Hartlaub die beiden Begriffe und spricht in unserem Zusammenhang von *biedermeierlicher Romantik*, die uns Zwergen den Boden bereitet habe. Ihm verdanke ich auch den Hinweis auf die vielen Märchenbilder und illustrativen Zeichnungen der zeitgenössischen Maler Ludwig

Richter, Moritz von Schwind oder Heinrich Schlitt, in denen Märchenzwerge eine Rolle spielen.

Von anderen, weniger bekannten Malern und Kopisten dieser Jahre wurden ihre Motive dann aufgenommen und als eigenständige Darstellungen oder in großer Auflage in den illustrierten Märchenbüchern verbreitet.

historiker hat es bis heute nachweisen können. Sicher scheint nur, daß die Zwerge in den Gärten erst vereinzelt auftraten, weil es noch keine Industrie gab, die sie in großen Stückzahlen produzierte.

Industrie ist in unserem Zusammenhang auch ein häßliches Wort. Deswegen sprechen die Freunde von uns auch lieber von der Wiege

Souvenir-Zwerg; massiv Gips; 10 cm groß; Inschrift am Sockel: »Sottai de la Grotte« um 1960.

(Teller) »Ein gutes Jahr«, Buntdruck nach einem Gemälde von Heinrich Schlitt.

Zwerg am Amboß; Terrakotta; 26 cm groß; ca. 1960.

Es ist nur logisch, daß diese Zwergenliebe früher oder später auch andere Ausdrucksformen suchte und in der figürlichen Darstellung fand:

Wann und wo aber der erste Märchenzwerg seinen Platz in einem deutschen Biedermeiergarten fand, wird wohl für immer unerforscht bleiben. Kein Kunst-

der Gartenzwerge – und die stand in einem kleinen Ort im Thüringer Wald, in Gräfenroda.

Arm war der Ort, solange die Menschen zurückdenken können. Denn mit dem Kienruß, der im Ort produziert wurde, waren keine Reichtümer zu verdienen, und mit den Tongruben in der Nähe konnte keiner so recht etwas anfangen.

Die Sammler Jutta und Günter Griebel in ihrer Zwergen-Hausbar mit einigen ihrer Sammlerstücke.

(Seite 41 unten) Zwerg mit Pilzhaus; Terrakotta; 62 cm groß; Balzer & Bock/ Gräfenroda um 1900.

(dahinter) Zwerg als Wasserträger; Terrakotta, Zipfelmütze beschädigt; noch 41 cm groß; um 1930.

(rechts) Zwerg; Terrakotta; 36 cm groß; VEB Gräfenroda um 1970.

Zwerg mit Schubkarre; Gips beschädigt; 25 cm groß; Schießbuden-Preis aus Österreich ca. 1930.

Bis ein junger Mann im Ort, Heinrich Dornheim, um 1850 sein Talent entdeckte, aus einem Stück Ton einen ansehbaren Tierkopf zu formen. Damals herrschte Herzog Ernst von Sachsen-Coburg-Gotha über Gräfenroda, ein begeisterter Jäger, dem seine Untertanen den Spitznamen *Hirsch-Ernst* gegeben hatten.

Eines Tages ritt nun der Fürst am Haus von Heinrich Dornheim vorbei, sah die schön geformten Köpfe von Rehen und Hirschen aus Terrakotta, und bald darauf modellierte Heinrich im Auftrag seines Fürsten.

Dornheim war der erste, aber als die *Thierköpferei*, wie sich die Branche anfangs nannte, immer neue Kunden fand, waren zeitweise bis zu sechzehn Betriebe in Gräfenroda an der Produktion beteiligt.

Und in einem dieser Betriebe schlug die Geburtsstunde des deutschen Gartenzwergs. Wie auch bei anderen bedeutenden Entwicklungen in der Geschichte reklamieren einige Beteiligte für sich, Vater des Erfolgs zu sein.

Am selbstverständlichsten tut dies die Firma Heissner, heute der größte Hersteller von Gartenzwergen. In ihren Prospekten vermerkt sie lapidar, daß ihr Gründer August Heissner uns 1872 *erfand*. Mir erscheint das Datum ein bißchen früh, denn erst um 1880 kamen die ersten meiner Ahnen zum Verkauf.

Andere wollen wissen, daß wiederum *ein fürstlicher Jäger* 1869 bei Heissner einen Hirschkopf für seinen Schloßgarten bestellte. Der gefiel ihm so gut, daß er ein Jahr später passende Figuren dazu wünschte. Doch was konnte zu einem Hirschkopf passen?

Ein Modelleur namens Höhe kam auf die Idee, Zwerge als Jäger zu modellieren, und schuf die ersten Gartenzwerge, die so um 1880 in Serie hergestellt wurden.

Ein anderer, sein Konkurrent Philipp Griebel, nimmt ebenfalls die Vaterschaft für sich in Anspruch. Auch er hatte eine *Thon-Thier und Thierkopffabrik* gegründet. In den alten Auftragsbüchern der Firma ist verzeichnet, daß auch seine Kollektion zunächst dem Firmennamen treu blieb. Doch eines Tages – wann genau, ist nicht überliefert – soll die Erleuchtung über ihn gekommen sein. Ein Moment, der beinahe schon biblische Größe ahnen läßt: Er nahm einen Klumpen Ton, formte ihn und schuf den ersten Gartenzwerg der Welt!

Wer es auch immer und wann auch immer gewesen sein mag: Er hat die Tragweite seines Tuns unterschätzt. Andernfalls wäre der Urvater aller Gartenzwerge der Nachwelt erhalten geblieben. So aber ist nicht einmal eine Abbildung oder eine Beschreibung von ihm überliefert. Auch in diesem Punkt bleibt also unsere Geschichte im dunkeln.

Sicher ist nur, daß wir Zwerge frühestens ab 1880 von Gräfenroda aus begannen, unseren Platz im deutschen Garten zu erobern.

In der Ortschronik hat uns deswegen ein unbekannter Meister ein Denkmal geschrieben:
En Doal d'r Giere zwischen d'n Barrchen
leacht de Heimat von d'n Zwarrchen.
De Gnemschen med ehrer spetzchen Dude
stammen ahm os Grawenrude.

Geschäftskarte der Firma Philipp Griebel, Gräfenroda 1874.

Se räsen darrch de ganze Welt on brängen uns ah schienes Geld.
Gartenzwerge war'n se heit genannt

*in Nord on Sied on ah in
Engeland.*

Das Wort *Gartenzwerg* war bis
dahin übrigens unbekannt. Das
beweist schon ein Blick in das
Deutsche Wörterbuch. 1878
erschien des *Vierten Bandes Erste
Abtheilung.* Von *Forschel* bis
Gefolgsmann sind alle Worte verzeichnet, die damals bekannt
waren. Da wäre unser Platz gewesen, hätten wir wirklich 1870 das
Licht der Welt erblickt. Aber zwischen *Gartenzins* und *Gartenzwie-
bel* klafft eine schmerzliche Lücke.
Auch Meyers Konversationslexi-
kon, daß 1890 ebenfalls in Leipzig
erschien, schweigt über uns.

Oder sollten wir totgeschwiegen
werden?

Totgeschwiegen, weil Gartenzwerge in den Augen der profes-
sionellen Betrachter weniger mit
Kunst und mehr mit Kitsch zu tun
haben?

Oder ist es nicht eher so, daß wir
seit über einhundert Jahren ein
Ideal vertreten, nach dem sich

viele Menschen sehnen: nach Kontinuität?

Von neueren Entwicklungen
abgesehen, über die aber noch zu
sprechen sein wird, blieben die
deutschen Gartenzwerge ihrem
Grundmuster treu. Wir liegen im
Gras, gießen Blumen, wandern,
angeln, schieben die Schubkarre,
spielen Karten, musizieren oder
geben uns anderen beschaulichen
Tätigkeiten hin. Kurz, wir tun, was
sich unsere Besitzer wünschen,
selber öfter tun zu können. Wir
vermitteln ihnen das Gefühl für
Kontinuität in einer scheinbar per-
fekten Harmonie. Unser Alltag ist
ohne Hast und wird durch das Auf
und Ab vor dem Gartentor nicht
gestört. In unserer überschauba-
ren Welt passiert nichts, was unvor-
hergesehen eintritt und den har-
monischen Gang der Dinge stört.
Ihr Deutschen habt ein Wort dafür,
das bekanntlich unübersetzbar ist:
Gemütlichkeit.

Bald hundert Jahre, bevor wir
unseren Platz zu erobern begannen, schuf kein geringerer als
Johann Wolfgang von Goethe uns

bereits ein – wie es sich für Zwerge gehört – kleines Denkmal. Es ist nach allem, was ich weiß, die früheste Erwähnung von Gartenzwergen in der deutschen Literatur. 1797 erschien Goethes *Hermann und Dorothea*, das neben dem *Faust* bis zu Beginn dieses Jahrhunderts als sein größtes Meisterwerk gelobt wurde.

In einem Dialog mit Hermanns Vater erinnert sich der Apotheker an den Kräuter- und Küchengarten seines Vaterhauses, den schon damals Gartenzwerge verschönt haben müssen. Auffällig ist nur, daß er von meinen Vorgängern spricht, als wenn sie lange vergangen und vergessen wären, wie der Gartenpavillon seiner Jugend, an den er sich gleichfalls erinnert.«

Der Zwerg warf sich in die Brust und begann mit tiefer Stimme zu rezitieren.

So war mein Garten auch in der ganzen Gegend berühmt und
Jeder Reisende stand und sah durch die roten Staketen
Nach den Bettlern von Stein und nach den farbigen Zwergen.
Wem ich den Kaffee dann gar in dem herrlichen Grottenwerk reichte,
Das nun freilich verstaubt und halb verfallen mir dasteht,
Der erfreute sich hoch des farbig schimmernden Lichtes
Schöngeordneter Muscheln; und mit geblendetem Auge
Schaute der Kenner selbst den Bleiglanz und die Korallen.
Ebenso ward in dem Saale die Malerei auch bewundert,
Wo die geputzten Herren und Damen im Garten spazieren
Und mit spitzen Fingern die Blumen reichen und halten.
Ja, wer sähe das jetzt nur noch an! Ich gehe verdrießlich

Kaum noch hinaus; denn alles soll anders sein und geschmackvoll,
Wie sie's heißen, und weiß die Latten und hölzernen Bänke,
Alles ist einfach und glatt; nicht Schnitzwerk oder Vergoldung
Will man mehr, und es kostet das fremde Holz nun am meisten.

»Erzählt der Apotheker in Goethes Werk auch von längst Vergangenem, so war seine Melancholie – zumindest, was uns Gartenzwerge angeht – unbegründet.«

Zwerg mit Axt; Terrakotta; 30 cm groß; Fa. Heissner/Lauterbach ca. 1960.

6. Die geheimen Verführer

Einszweidrei! Im Sauseschritt läuft die Zeit: wir laufen mit, dichtete Wilhelm Busch 1875 und traf damit, was du heute *Zeitgeist* nennen würdest. Seit vier Jahren gab es wieder ein Deutsches Reich, mit einem echten Kaiser an der Spitze und einem Kanzler, der es regierte. Das interessierte uns Zwerge eigentlich nur nebenbei, denn für den Sinn oder Unsinn von Politik fehlt uns die Ader. Aber da sie für euch Menschen wichtig, manchmal sogar überlebenswichtig ist, bleibt uns nichts anderes übrig, als sie zumindest zur Kenntnis zu nehmen. In diesem Fall aber hat die Geschichte den Menschen und sogar uns Zwergen genützt.

Denn mit dem Kaiserreich kam auch die sogenannte Gründerzeit. Und ihr Zeitgeist sog uns förmlich auf.

Unternehmen schossen aus dem Boden und suchten ihre Produkte an den Mann oder an die Frau zu bringen. Die Zeit war rauh, die Konkurrenz groß und der Kapitalismus in seinen ersten Flegeljahren. Gerade die neuen, noch kleinen Unternehmen mußten sich gegen die eingeführten großen Marken behaupten und durchsetzen.

Das war eine Aufgabe, für die wir Zwerge wie geschaffen sind. Denn mußten die Neuen am Markt nicht auch – wie die Zwerge einst im Bergwerk – unermüdlich rackern, um es den Großen zu zeigen? Es war fast – wenn du mir zum Vergleich ein Bild aus der Bibel gestattest – wie im Kampf David gegen Goliath. Kurzum – bevor ich weiter abschweife – Jungunternehmer und das Ethos der Zwerge haben viel gemein, und so war es nur eine Frage der Zeit, bis findige Grafiker auf die Idee kamen, uns für ihre Auftraggeber einzuspannen. Das war ungefähr in den Jahren, als Wilhelm Busch über die Zeit reimte. Leider sind die ersten noch seltenen Anzeigen und Motive aus den Anfangsjahren wohl unwiederbringlich verloren. Aber je mehr wir uns der Jahrhundertwende nähern, desto unübersehbarer

Blechschild; 34,5 x 24,5 cm; Entwurf G. Räder um 1920.

Reprint eins Blechschildes; 60 cm x 39,5 cm; Original um 1900.

Signet der Bohrma-
schinen, Tiefbohr-,
Maschinen und Werk-
zeuge-Fabrik Heinrich
Mayer & Co., Nürn-
berg-Doos, 1913.

(rechts) Zwerge im
Dienst der Familien-
planung. Werbung für
Präservative der
Firma M. Steinberg,
Köln-Lindenthal, 1913.

Mineralwasser-Wer-
bung, Fritz Freiherr
von Sgemmen-Horn-
bergsche Güterver-
waltung Friedensfels,
Friedensfels/Ober-
pfalz, 1929.

wird der Beitrag von uns Zwergen
zum Wirtschaftswachstum im Kaiserreich.

Und als ab 1894 die Warenzeichen vom Kaiserlichen Reichspa-
tenamt unter Schutz gestellt werden, ist es eine Zwergendarstellung, die seitdem die Ahnenreihe
aller geschützten Warenzeichen
anführt.

Für welche und wie viele Produkte insgesamt bis heute mit uns
Zwergen geworben wurde und
wird, ist ein Forschungszweig der

Nanologie, wie die Zwergenfor-
schung heißt, der wegen seiner
Komplexität immer noch in den
Zwergenschuhen steckt.

Helmut M. Bien und Bernhard
Nagl ist es zu danken, daß sie
zumindest erste kleine Schneisen
in den Urwald dieser terra incog-
nita geschlagen haben. Was sie an
überlieferten Darstellungen,
Anzeigen, aber auch Werbezwer-
gen aus Gips und Ton gefunden
haben, läßt den Schluß zu, daß es
wohl kaum ein Produkt gab, dem
nicht irgenwann in seiner
Geschichte Zwerge geholfen
haben, es an den Mann oder die
Frau zu bringen..

Die meisten der Konsumgüter
kennt heute keiner mehr, weil sie

seit Jahrzehnten vom Markt verschwunden sind, wie die *Pera*-
Zigaretten, die um 1920 zwei Kollegen freudig erregt durch den Win-
terwald schleppten und von denen
der Slogan kurz und knapp
behauptet: *... darf nicht fehlen!*

*Dem genialen Erfinder des
Pneumatik Dunlop* haben wir ein
Anzeigen-Denkmal gesetzt. Auch
wenn für mich noch heute ein Rät-
sel ist, warum gerade wir Zwerge
als Werbeträger für einen Autorei-
fen herhalten mußten.

Andere Firmen haben da unser
Image viel besser in den Dienst

darf nicht fehlen!

ihrer Produkte gestellt. Dem Stein-
wald-Quell aus der Oberpfalz
haben wir 1929 zu höheren Umsätzen verholfen. Blum's Samariter,
einem *Magenstärkenden Kräuter-
Liqueur*, verschönten Zwerge 1911
das Etikett. Zwei Jahre später erin-
nerte sich die Bohrmaschinen,
Tiefbohr-Maschinen und Werkzeuge Fabrik Nürnberg Heinrich
Mayer & Co. unserer Tradition als
Bergleute und schickte uns auf
einer Anzeige in den Untergrund.
Daß im gleichen Jahr ein Kölner
Unternehmen mit einer ganzen

Horde Zwerge für seine Präservative warb, hätte damals beinahe zu
einem Zwergenaufstand geführt.
Heute wären viele von uns vielleicht stolz darauf. *Gib Zwerg eine
Chance* wäre doch kein schlechter
Werbespruch – oder?

Kaum daß wir Zwerge uns im
Garten unentbehrlich machten
und in Anzeigen die Werbewelt
bereicherten, dauerte es nicht
lange, bis die ersten meiner Art
auch in Schaufenstern und
Geschäften ihren Platz fanden.
Der eine stand mit einem Brot-

zaubern und zwingen das Glück. Kurzum: Ein Produkt, das ein Zwerg *empfiehlt*, kann nicht schlecht sein!

Und fast alle dieser Zwergendarstellungen sind vom Reichspatentamt zu Berlin unter Schutz genommen worden. Helmut M. Bien hat über tausend von ihnen bis 1939 nachgewiesen.

Schon Ende der zwanziger Jahre wurden sie seltener, und mit der Nazi-Herrschaft kam dann das vorläufige Ende für den Zwerg in der Werbung. Nicht, daß ein Gesetz sie verboten hätte. Es genügt der *Zeitungeist*, der gegen den Zwerg in der Werbung sprach. Er paßte nicht zur Ideologie des großen, blonden Ariers, der sich zum Herrenmenschen aufschwang, *unwertes Leben* vernichtete und *Untermenschen* versklavte.

Da ist es ein Treppenwitz der Zwergengeschichte, daß ein unbekannter Produzent kurz nach der Machtergreifung einen Gartenzwerg auf den Markt brachte, der mit einer Hakenkreuzfahne in der Rechten seinen Platz im Dritten

Werbezwerg; Fayence; 25 cm groß; B. Block/Böhmen um 1890; trägt original Pfaff Blechdose für Nähmaschinen-Zubehör um 1900.

(rechts) Schaufenster-Display; Pappe; 80 cm hoch um 1900.

schieber im Bäckerladen, ein anderer wartet mit Fleischerschürze und großem Messer auf ein armes Schwein, das ein Kollege gerade noch an seinem Ringelschwanz festhalten kann. Drei schleppen Messer, Gabel und Löffel einer Besteckfabrik aus Sachsen, die versprach, *Besten Ersatz für Silber* zu liefern.

Und die drei Träger sollten den Wahrheitsgehalt der Werbebotschaft bestätigen. Denn der Kunde schreibt den Zwergen unbewußt die Eigenschaften zu, die er als Kind aus den Märchen und Sagen über sie erfahren hat. Da sind sie fleißig, neugierig, stark, verfügen über geheimes Wissen, können

Reich finden sollte. Bis auf ein Exemplar verschwand auch er im Orkus der Geschichte.

Und doch sollte es nach dem Ende in Berlin noch genau 17 Jahre und neun Monate dauern, bis Werbe-Zwerge in Deutschland wieder eine herausragende Rolle zu spielen begannen.

Der 2. April 1963 ist ein Montag, der zweite Sendetag des Zweiten Deutschen Fernsehens und der erste Tag, an dem das öffentlich-rechtliche Programm mit Werbung Geld verdienen konnte. Doch die Werbefilme sollten nicht einfach

hintereinander weg gesendet werden. Der Sender brauchte kleine Zwischenspots, die die Werbebotschaften voneinander trennten.

Dazu erfand der Grafiker Wolf Gerlach sechs muntere Zwerge: die Mainzelmännchen, die bald zum Markenzeichen des ZDF wurden und mit ihrer wachsenden Popularität auch dem Werbefernsehen zugute kommen.

Schon 1964 befand Infratest in einer Studie:

(oben) Blechschild; 75 x 51,5 cm; Blechplakat-Druck A. Jacquot & Cie., Stettin um 1890.

(links) Blechschild; 51 x 36 cm; um 1900.

(unten) Blechschild; 49 x 33 cm; Böhmen um 1910.

Die Mainzelmännchen. Seit über dreißig Jahren sind sie ein Markenzeichen des Zweiten Deutschen Fernsehens.

(Seite 51 links oben) Mainzelmännchen, Sonderanfertigung für das ZDF Werbefernsehen; Steingut; 30 cm groß; Das Zwergenkaufhaus/Rot am See 1993.

Blechaufsatz für Verkaufsdisplay; 12,5 x 43,5 cm; ca. 1920.

Die Figuren sind innerhalb des Werbeprogramms sehr gern gesehen. Der Grad der Zustimmung geht vom leidenschaftslosen Wohlgefallen bis zu einer Art Vernarrtheit, die sich darin äußert, daß man die Mainzelmännchen außerhalb des Werbeprogramms sehen möchte.

Das Geheimnis ihres Erfolges lag und liegt vielleicht auch darin, daß den sechs Zwergen deutlich unterscheidbare Charaktere mitgegeben wurden, die sie individuell kenntlich machen – ähnlich einer guten Produkt-Werbung:

– Anton, der Tolpatsch, etwas scheu und schmunzelnd beglückt, wenn ihm ein Ulk gelingt;

– Bertie, der Spaßvogel, der Ideenlieferant, dem ständig neue Späße einfallen;

– Connie, das Nesthäckchen, der Kleine, den Det unter seine Fittiche nimmt;

– Det, der Schlaue, der heimliche Boß der Truppe, als einziger im grauen Wams, strahlt verschmitzte Intelligenz aus;

– Edi, der Schelm, ein Schlitzohr mit Flausen im Kopf;

– Fritzchen, der Stille, ist pfiffig und manchmal den anderen um eine Nasenlänge voraus.

Bis 1967 absolvierte die Truppe ihre Auftritte in schwarz-weiß, aber mit Beginn des Farbfernsehens zogen sich auch die Mainzelmänn-

chen um und waren nun noch deutlicher von einander zu unterscheiden. 1970 waren sie bereits 96,7 Prozent aller Westdeutschen ein Begriff und ein festes Markenzeichen ihres Arbeitgebers. Mittlerweile haben die Mainzelmännchen ihren dreißigsten Geburtstag gefeiert und sind im Laufe der Jahrzehnte mit über 22.000 Episoden über die Bildschirme geflimmert: komisch, auch mal nachdenklich, aber nie verletzend treiben sie so Abend für Abend ihre Späße. Genauer von Montag bis Samstag, den auch für die Mainzelmännchen gilt: Sonntags nie!

Die Deutschen und die Zwerge haben sich wieder. Und es sind

selbstverständlich nicht die einzigen, die in den letzten Jahren und Jahrzehnten Druckseiten gefüllt und Bildschirme bevölkert haben. Denk nur an die fünfziger und sechziger Jahre, als du mit deiner

(oben) Objekt von Uwe Griebel zur Mail-Art-Aktion des Deutschen Gartenzwerg-Museums 1993.

(links) Emaill-Schild der Seifen-Fabrik Gebrüder Rumberg/Freital, Sachsen; 33 x 50 cm; Fa. Boss & Hahn/Ortenberg, Baden um 1920.

(rechts) Blechdose; 20 cm Durchmesser; um 1920.

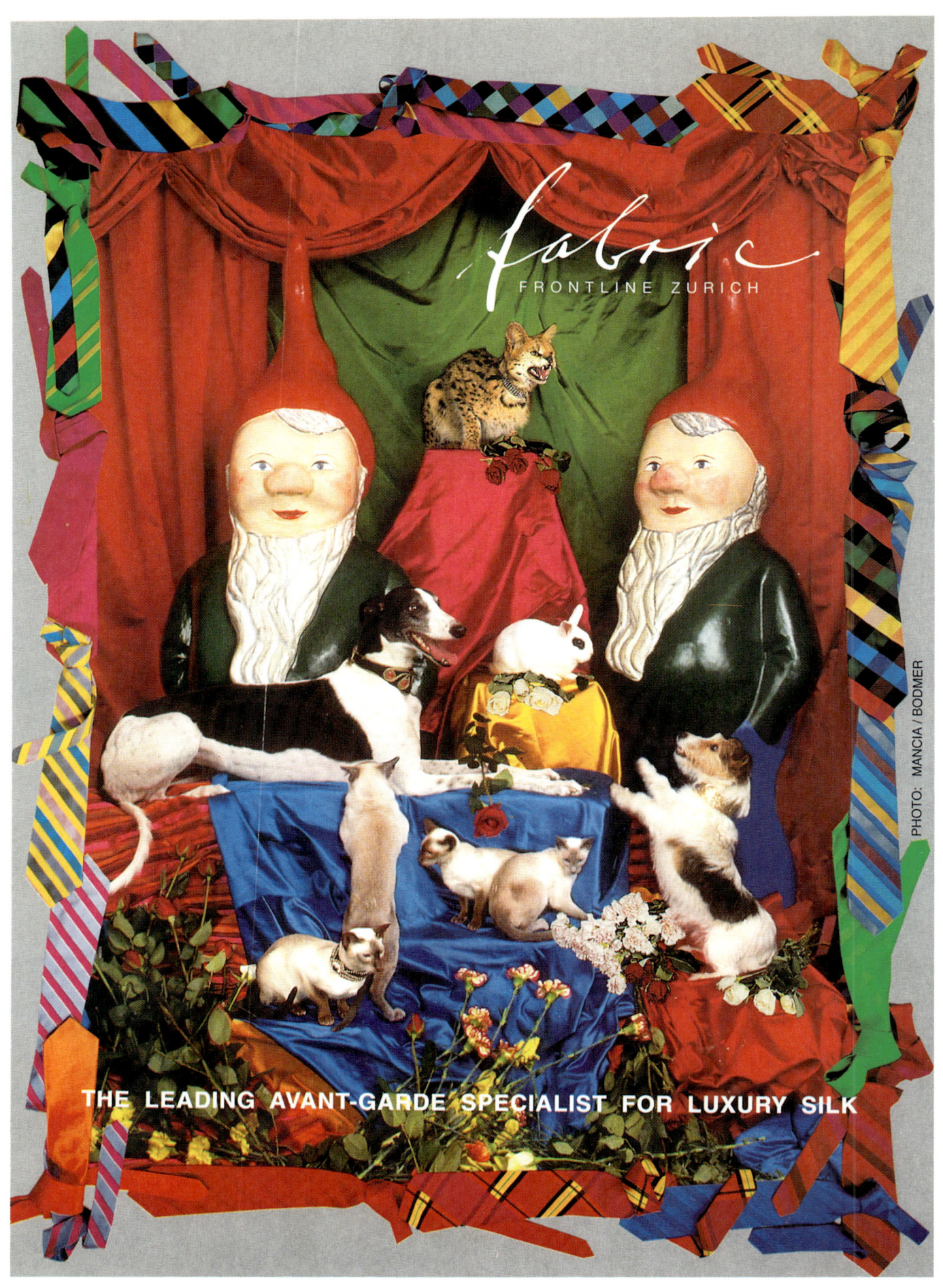

PHOTO: MANCIA / BODMER

Lurchie und seine Freunde, zusammen bestehen sie seit Jahrzehnten im Auftrag von Salamander ihre Abenteuer.

Mutter Schuhe kaufen gegangen bist.

Da gab es an der Kasse für den braven Jungen – solltest du je einer gewesen sein – doch immer so ein kleines, dünnes, grünes Heftchen mit den neuesten Geschichten von Lurchi und seinen Freunden, die ihre Abenteuer immer in Salamander-Schuhen bestanden. Und einer von ihnen – erinnerst du dich? – war ein Zwerg namens Pippin.

Ansonsten gab es damals nicht viel zu tun für Zwerge in der Werbung, sieht man von einigen kleineren Firmen ab, die Kollegen beschäftigten. Aber das war nur von regionaler Bedeutung.

Richtig groß in die Branche eingestiegen sind die Zwerge erst wieder in den letzten Jahren. Vor allem für die Lebensmittelbranche setzen die Werbe-Agenturen nun die Zwerge ein:

Einer der großen Arbeitgeber ist seit 1988 der Lebensmittelkonzern Langnese, für dessen Produktreihe Iglos *Grüne Küche* in Fernsehspots und Anzeigen ganze Zwergenscharen Gemüse anbauen, ernten und mit dem *Extrablubb Sahne* verfeinern. Da aber kaum vorstellbar ist, daß ein

solches Unternehmen über Jahre viel Geld für diese Art von Werbung aus reiner Zwergenliebe ausgibt, muß wohl etwas geschehen sein zwischen uns und euch. Denn genaugenommen haben die Werbestrategen uns entzaubert. Alles Mystische, Geheimnisvolle haben sie uns genommen. Aus dem Werbezwerg, der noch vor

(Seite 52) Zwerge sind in der Werbung universell einsetzbar. Auch für luxuriöse Seidenmoden werden sie engagiert.

Kleiner Zwerg – einmal ganz groß. Pippin, der Salamander-Zwerg.

53

Zwergerlpreise

Großer Winter-Schluß-Verkauf vom 25. 1. bis 6. 2. 1993

| Anzüge | Hemden, Strick & Co. | Freizeit | Mäntel |

achtzig Jahren für einen Likör geheimnisvolle Kräuter sammelnd durch den dunklen Tann stapfte, sind kleine, niedliche Technokraten geworden, denen die Verbraucher wohl zutrauen sollen, daß sie dank eines grünen Daumens Gemüse richtig anbauen, verarbeiten und tieffrieren können. Mich fröstelt.

Aber es kommt ja noch schlimmer: Bei den *Fruchtzwergen* gibt es gar keinen Zwerg mehr. Wegrationalisiert. Ihren Namen verdanken diese Joghurts nur ihrer Größe und einer roten Alibi-Zwergenmütze, die die Verpackungsdesigner irgendwelchen Früchtchen übergestülpt haben! Von den *Riesen Fruchtzwergen* will ich lieber

schweigen oder vom *Wannenwichtel*, der uns mit seiner Chemie selbst das grüne Image nimmt.

Nur für die Kinder sind wir geblieben, was wir waren:

Seit einiger Zeit findest du uns klein und fein in den *Überraschungseiern*, die als sogenannte Quengelware vor den Kassen der Supermärkte zu finden sind.

Aber damit mit uns ein gutes Geschäft gemacht wird, ist nicht in jedem dieser Eier ein Zwerg, sondern oft auch irgendeine andere Figur oder ein Spielzeug. Das ärgert natürlich die Sammler, die es für diese Reihe inzwischen auch schon gibt.

Die findigsten unter ihnen, die es entweder leid waren, ihr ganzes

ersten Blick wenig Ähnlichkeit mit uns Zwergen. Das liegt aber vielleicht auch daran, daß sie nicht aus Deutschland stammen. Ein deutscher Zwerg ist nicht ohne weißen Bart und rote Zipfelmütze vorstellbar. Aber wo steht geschrieben, daß ein Zwerg französischer Zunge nicht blau sein darf, bartlos, mit weißer Mütze und trotzdem ein Zwerg bleibt, so wie ich? Wie schon erwähnt, Politik interessiert uns nicht, wir brauchen sie nicht. Im Gegenteil: Für das Geschäft der Werbezwerge wäre sie sogar abträglich. Ein Zwerg steht einzig und allein für sich, ein Werbezwerg für sich und sein Produkt. Wie es bei uns drinnen aussieht, geht, abgesehen von heute nacht, niemanden etwas an. Besonders keinen Menschen. Ihr macht euch sowieso ein eigenes Bild von uns. Ob es uns gefällt oder nicht. Aber damit können wir leben.

(oben) »Leck mich am . . . «; Schlüsselanhänger Plastik; 6,5 cm groß; Das Zwergenkaufhaus/Rot am See 1993.

Taschengeld in Schokolade zu investieren, oder nicht mehr wußten, wohin mit den ganzen Schoko-Eiern, versuchen jetzt, mit Tricks die Zwergeneier von den anderen zu unterscheiden. Wenn du demnächst an der Kasse jemanden siehst, der zum Beispiel ein Ei nach dem anderen ans Ohr hält und schüttelt, dann kannst du sicher sein: Vor dir steht ein Freund von uns.

Oder erinnerst du dich an die Zwerge, die mit ihren Zeichentrickgeschichten Anfang der siebziger Jahre die Kinder – und nicht nur die – vor den Fernseher holten? Bei denen grundsätzlich alles *geschlumpft* wurde? Zugegeben, die Schlümpfe haben auf den

Zwergenorden, verliehen an verdiente Mitarbeiter der Ausstellung »Werbezwerge« des Deutschen Gartenzwerg Museums; Stoff und Gips; 12 cm groß; Das Zwergenkaufhaus/Rot am See 1992.

7. Der literarische Gartenzwerg

Solltest du wirklich unseren Plan wahr machen und die Geschichte der Zwerge zu einem Buch verarbeiten, dann darf auf gar keinen Fall ein Kapitel über den Zwerg, insbesondere den Gartenzwerg, in der Literatur fehlen. Denn schon Bernhard Nagl, du weißt, der Zwergenforscher, versucht, in seinen *Betrachtungen über den Gartenzwerg* nachzuweisen, daß wir eine Kopfgeburt des geschriebenen Wortes seien. Auch wenn er dazu den mitteleuropäischen Sagenschatz um und um gegraben hat, weißt du spätestens seit wir uns kennen, daß es sich bei dieser These ebenfalls nur um eine Kopfgeburt handelt. Nichtsdestotrotz wird der gebildete Leser von uns diesen Exkurs erwarten.

Über die Gebrüder Grimm und den deutschen Märchenzwerg habe ich dir ja schon berichtet und auch aus *Hermann und Dorothea* von Goethe zitiert. Es paßte eben so gut an dieser Stelle. Aber das war natürlich noch nicht alles, wenn ich auch zugeben muß, daß die Gartenzwerge in der deutschen Literatur nur eine winzigkleine Rolle spielen, auf die selbst wir Zwerge hinabschauen können. Du brauchst also nur ein kleines Kapitel einzuplanen. Aber laß mich berichten.

Seit unserer ersten Erwähnung durch Goethe mußten gut 120 Jahre Literaturgeschichte vergehen, bis sich erneut ein Genius der deutschen Sprache unserer annahm.

Die Jahre zuvor schwiegen sich die Dichter und Denker über uns aus. Das ist zumindest der aktuelle Stand. Das Fachgebiet der Nanologie ist zu jung und darum in erster Linie mit Grundlagenforschung beschäftigt, als daß umfangreichere Forschungsaufträge im Bereich der Nano-Germanistik in Angriff genommen werden könnten.

Darum muß – bis zum Beweis des Gegenteils – als gesicherte Erkenntnis gelten, daß es Thomas Mann war, der sich uns als erster nach Goethe widmete. Er, der einerseits den Dichterfürsten verehrte, gleichzeitig aber auch höchst ironisch mit ihm umzugehen wußte, mag sich an *Hermann und Dorothea* erinnert haben, als er 1910 die *Bekenntnisse des Hochstaplers Felix Krull* in Angriff nahm. *Ich sammle, notiere und studiere für die Bekenntnisse des Hochstaplers, die wohl mein Sonderbarstes werden*, schrieb er dem jüngeren Bruder Heinrich. Sicher aber ist es einer der kurzweiligsten Romane, die Thomas Mann geschrieben hat. Im Mittelpunkt dieser erdichteten Memoiren steht – wie schon der Titel sagt – Felix Krull, Sohn eines Sektfabrikanten, der im Rheingau *wenige Jahre nur nach der glorrei-*

chen Gründung des Deutschen Reiches das Licht der Welt erblickte.

Da man Geschichten bekanntlich am besten von Anfang erzählt, führt uns Felix gleich im ersten Kapitel in sein Elternhaus ein:

Unsere Villa gehörte zu jenen anmutigen Herrensitzen, die, an sanfte Abhänge gelehnt, den Blick über die Rheinlandschaft beherrschen. Der abfallende Garten war freigiebig mit Zwergen, Pilzen und allerlei täuschend nachgeahmtem Getier aus Steingut geschmückt; auf einem Postament ruhte eine spiegelnde Glaskugel, welche die Gesichter überaus komisch verzerrte, und auch eine Äolsharfe, mehrere Grotten sowie ein Spring-

brunnen waren da, der eine kunstreiche Figur von Wasserstrahlen in die Lüfte warf und in dessen Becken Silberfische schwammen.

Aus dieser Beschreibung schließt der von mir schon mehrfach erwähnte Kunsthistoriker Gustav F. Hartlaub, daß Thomas Mann dem Hochstapler die Worte in den Mund gelegt habe, denn Felix Krull sei *. . . in allem so recht das Gegenteil jenes Ehrenmannes, doch in der Schwärmerei für den Gartenzwerg mit ihm derselben Meinung.*

Eine hübsch verpackte Beleidigung, die Mann und uns gleichermaßen trifft. Denn im folgenden beschreibt Hartlaub uns als die ins *Süßliche und Niedliche herabgesunkenen Altmännerchen mit ihren leeren Weihnachtsmanngesichtern.*

Frechheit! Die seriöse Thomas-Mann-Forschung jedenfalls hat bisher noch keine Erkenntnisse über sein Verhältnis zu uns hervorgebracht. Und auch das Aussehen der Gartenzwerge ist scheinbar nicht überliefert. Du lachst, aber Mann war als sehr akribischer Rechercheur bekannt, und gerade zu diesem Roman sind umfangreiche Dossiers von ihm erhalten, in denen er Zeitungsausschnitte und Fotos gesammelt hat, um später Situationen, Landschaften oder Personen möglichst genau beschreiben zu können. Von Zwergenbildern ist aber leider nichts bekannt. Vielleicht aber auch haben ihn ganz einfach Kontakte zu C.G. Jung angeregt, sich seiner eigenen Archetypen zu erinnern. Wie auch immer: Sollte sich eines Tages erweisen, daß er zu unseren Freunden zählt, das kleine Volk und ich wären stolz und dankbar, einen Nobelpreisträger unter unseren Freunden zu wissen.

(links) Zwerg mit Hellebarde; Weiberner Tuffstein; 83 cm groß; nachempfunden dem Zwerg mit Dolch und Degen im Garten von Schloß Mirabell/Salzburg; geschaffen von Nikolai von Magnus 1993.

Nachzulesen ist bis jetzt aber nur, daß die Zwerge im Krull'schen Garten dem Autor und seiner Titelfigur noch zwei Erwähnungen wert waren, sie ihn durch seine Kindheit begleiten, in der Felix' Eltern ein gastfreundliches, offenes Haus führten:

Sehr oft, da meine Eltern sich bis zur Erbitterung miteinander langweilten, hatten wir Gäste aus Mainz und Wiesbaden, und dann ging es überaus reichlich und aufgeräumt bei uns zu ... Besonders zur Zeit des Karnevals und der Weinlese gingen die Wogen des Vergnügens sehr hoch. Dann brannte mein Vater im Garten eigenhändig prächtige Feuerwerke ab, worin er große Sachkenntnis und Geschicklichkeit besaß; die Steingutzwerge erschienen im magischen Licht, und die launigen Masken, in denen sich die Gesellschaft zusammengefunden, erhöhten die Ausgelassenheit.

Doch schon bald endet die glückliche Kindheit für Felix. Die Sektkellerei macht Bankrott, der Vater erschießt sich, die Gläubiger stehen vor der Tür.

Alles kam unter den Hammer: das Lager sowohl ... wie der Immobilienbesitz, das heißt die Kellereigebäude und unsere Villa, belastet wie sie waren mit den Grundschulden, die sich auf mehr als zwei Drittel ihres Wertes beliefen und deren Zinsen seit Jahren nicht hatten bezahlt werden können; die Zwerge, Pilze und Steinguttiere unseres Gartens, ja selbst die Glaskugel und die Äolsharfe gingen den gleichen traurigen Weg.

Sehr viel fröhlicher ist das Erlebnis, das Erich Kästner in dem Bändchen *Der kleine Grenzverkehr* erzählt. Sie ist bisher noch in keiner Geschichte der Zwerge vermerkt. Daß ich sie dir erzählen kann, verdanke ich einem Kollegen, der seinen Platz im Büro einer Bibliothekarin auf dem Regal hat. So kann er ihr immer beim Lesen über die Schulter schauen, und er informiert mich dann sofort, wenn

(links) Liegender Zwerg; Terrakotta; 21 cm lang; ca. 1960.

(rechts) Zwerg als Bergsteiger »Made in Taiwan« für den deutschen Markt; Steingut; 28 cm groß; 1992.

er wieder etwas Interessantes auf-
geschnappt hat. So wie in diesem
Fall.

Erich Kästner gehörte zu den
prominenten Literaten der zwanziger Jahre, die 1933 verboten und
deren Bücher verbrannt wurden.
Doch anders als viele seiner Lei-
desgenossen, die ins Ausland gingen, blieb Kästner und erhielt die
Erlaubnis, zumindest im Ausland
zu veröffentlichen. So brachte er
dem Dritten Reich Devisen, und
Bücher wie *Drei Männer im
Schnee* und *Das fliegende Klas-
senzimmer* fanden ihre Leser,
wenn auch erst nur im deutschsprachigen Ausland.

Kästner vermied – ganz anders
als vor 1933 – alle politisch-aktuel-
len Spitzen und gab sich, um zu
überleben, der leichten Unterhal-
tung hin. Daran ist ja auch nichts
Ehrenrühriges, besonders wenn
man dazu ein Talent wie Kästner
hat.

*Der ursprüngliche Titel lautete
›Georg und die Zwischenfälle‹,*
schrieb Kästner nach dem Krieg.
*Das Buch entstand 1937 und sollte,
zu Beginn der Salzburger Fest-
spiele, in Österreich erscheinen.
Doch es erschien in der Schweiz,
weil in Österreich Hitler erschien.*

Eine Komödie über das Schreiben von Komödien. Vielleicht Käst-

Zwerge sind im allgemeinen recht belesen. Besonders seit Erfindung des Taschenbuches hat sich ihre Leselust – aus leicht verständlichen Gründen – merklich gesteigert.

ners leichtester und beschwingtester Roman, in dem sich gegen Ende die beiden Hauptfiguren Karl und Georg im Mirabellgarten an dem berühmten Zwergen-Rondell wiederfinden. Es ist Nacht, und beide Freunde haben schon einige Lokale hinter sich, als Karl eine Rede an die Zwerge hält:

›Meine Herren Zwerge‹, sagte er.

Ich setzte mich ins Gras und meinte: ›Eine Frau Zwerg ist auch dabei. Sei höflich!‹

›Meine Herren Zwerge‹, wiederholte Karl.

›Sie kennen Salzburg länger als jener betrunkene Mensch, der sich auf Ihrer Wiese breitmacht; Sie kennen es länger als ich und sogar länger als ... als ...‹

›Baedecker‹, schlug ich vor.

›Als Baedecker, jawohl. Sie haben Salome Alt gekannt, als sie noch jung war und in diesem schönen Garten mit einem ihrer Herren Kirchenfürsten lustwandelte.‹

›Lusthandelte‹, verbesserte ich gewissenhaft.

Karl geriet in Feuer. ›Sie haben Mozart gekannt, als er noch bei seinem Papa Klavierstunden hatte! Ich habe Vertrauen zu Ihnen, meine Herren. Sie sind klein, aber oho! Gestatten Sie, daß ich das zu Ihnen sage?‹

›Bittschön‹, brummte ich.

›Sie werden sich vielleicht fragen, warum ich mich mit meinem Anliegen nicht an die vorzüglich gewachsenen Damen aus Stein wende, die seit Jahrhunderten am Eingange des Gartens auf Sockeln stehen und nichts anhaben.‹

›Ach wo‹, sagte ich. ›Zwerge interessiert so etwas überhaupt nicht. Aber vergiß nicht, daß du sie duzen wolltest.‹

Karl nickte und klopfte einem Zwerg kollegial auf den steinernen Buckel. ›Liebe Liliputaner und Liliputanerinnen‹, meinte er dann, ›ihr könnt eurer kleinen Stadt einen großen Gefallen tun. Wenn einmal jemand vom Festspielkomitee hierherkommen und sich mit euch unterhalten sollte ...‹

›Ausgeschlossen‹, erklärte ich.

›So richtet ihm einen schönen Gruß von mir aus.‹

›Von mir auch!‹ rief ich. ›unbekannterweise!‹

›Und sagt ihm ...‹

›Noch einen schönen Gruß?‹

›Sag ihm, Österreich habe so viele Genies gehabt ...‹

›Das weiß der Mann doch schon!‹

›Und nur deren Heiterkeit passe völlig zur Heiterkeit dieser Stadt, genau wie nur ihre Melancholie sich zu dieser Landschaft, wenn sie trauert, schicke.‹

›Hoffentlich können sich die Zwerge das alles merken,‹ meinte ich besorgt.

›Warum spielt man keinen Raimund? Warum nicht Nestroy?

Wenn sie sich unbeob-
achtet fühlen, greifen
Zwerge, behaupten
zumindest gut unter-
richtete Nanologen,
schnell zur Lektüre.
Sie bevorzugen dabei
nicht nur Geschichten,
die ihresgleichen
betreffen. Im Gegen-
teil: Bücher sind für
Zwerge ein besonders
gern genutztes
Medium, um die Welt,
in der sie leben, bes-
ser zu verstehen.

Zwerge haben auch längst den Film erobert. In »Time Bandits« (1981) gehen sie sogar auf eine Zeitreise.

(Seite 63) Szenenfotos aus Disneys »Schneewittchen und die sieben Zwerge« von 1937.

Warum nicht noch mehr Mozart? Wie? Warum stattdessen . . . ‹

›Woher sollen denn das die Pikkolos wissen!‹ sagte ich ärgerlich und stand auf.

›Hab ich nicht recht?‹ fragte er.

›Natürlich hast du recht‹, meinte ich. ›Außerdem soll man Betrunkene nicht reizen.‹

›Ich wäre betrunken?‹

›Wieso ›wäre‹? Du bist es!‹

›Ich bin nüchtern, wie . . . wie . . . ‹

Mir fiel auch kein angemessener Vergleich für den Grad seiner Nüchternheit ein.

›Aber du, du bist blau!‹ rief er.

›Ich bin nüchtern wie . . . ich war noch nie so nüchtern wie heute!‹

»Die Blechtrommel«. In einem der wichtigsten Bücher der deutschen Nachkriegsliteratur ist ein Zwerg die Hauptperson: Oskar, Matzerath, der in frühester Jugend beschloß, nicht mehr zu wachsen. 1979 hatte der Film von Volker Schlöndorff nach dem Roman von Günter Grass Premiere. David Bennent spielte die Hauptrolle. Hier in einer Szene picknickt Oskar mit Roswitha Raguna, der berühmten Somnambule mitten im Krieg auf einem Bunker des Atlantik-Walls.

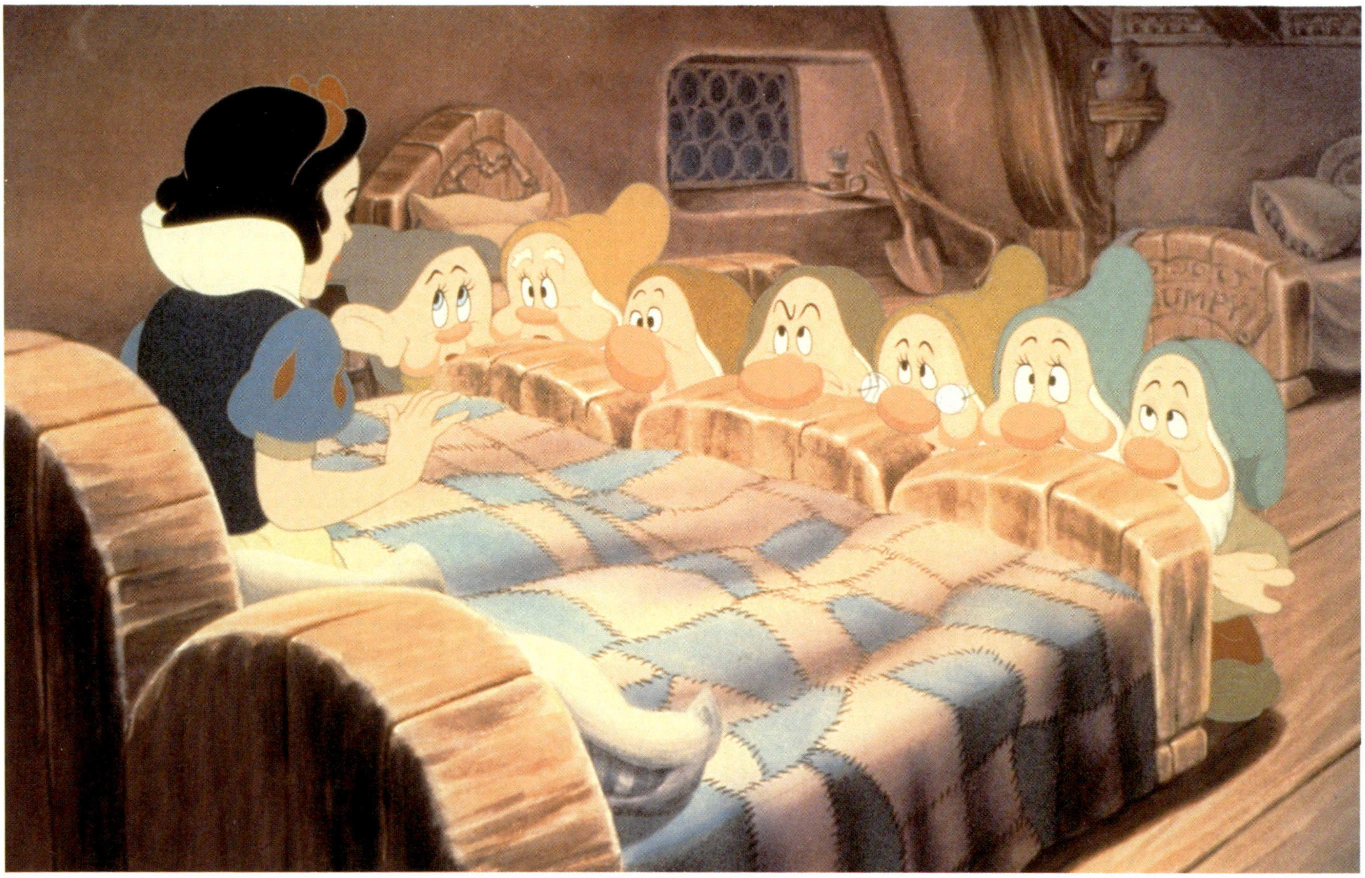

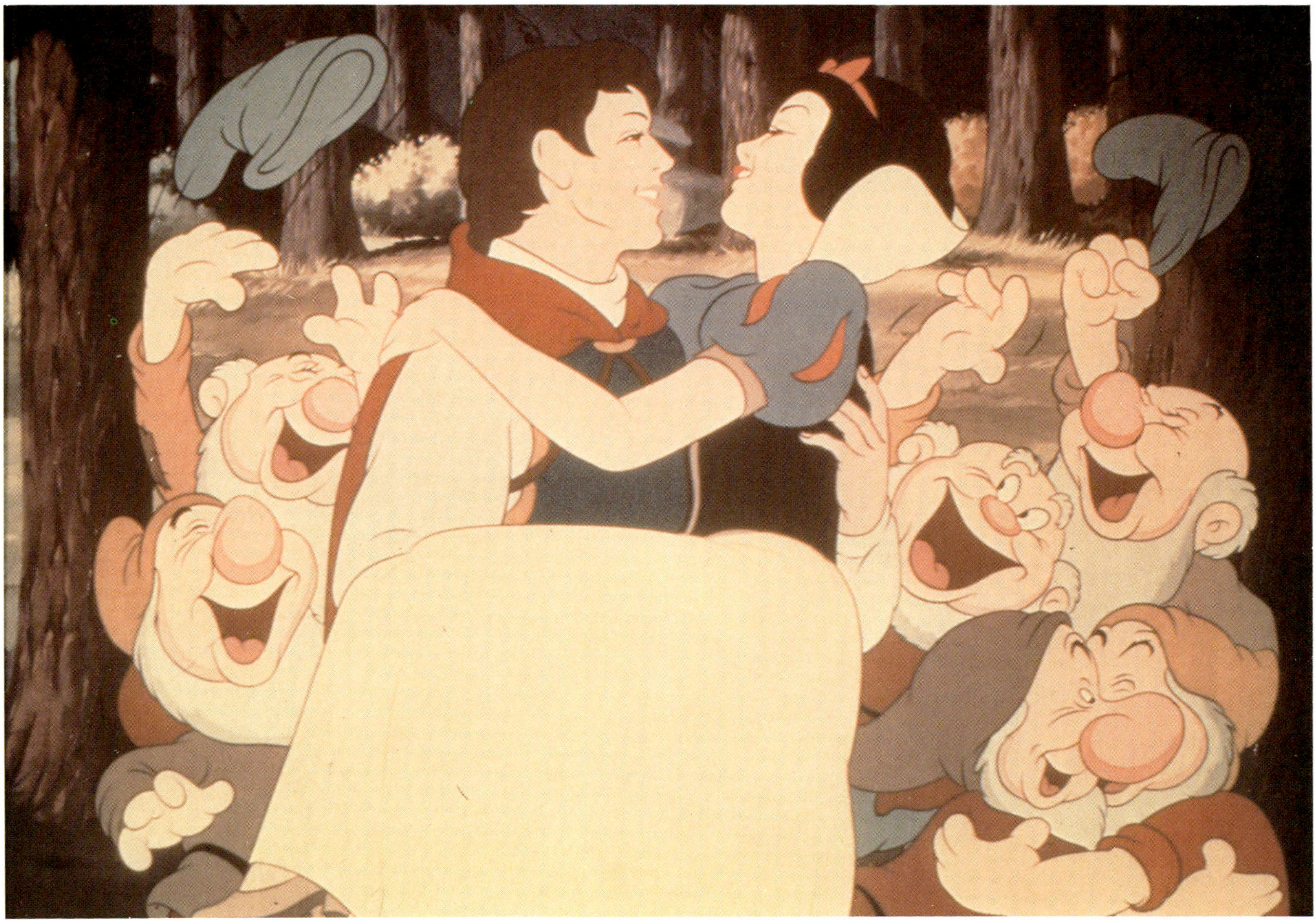

Zwerg als Nachtwächter; Biskuitporzellan; 7 cm groß; Thüringen um 1890.

›Ich auch nicht!‹

›Dann möchte ich die beiden Herren mal besoffen sehen‹, sagte jemand hinter uns. Ich erschrak. Aber es war kein Zwerg. Sondern ein Wachmann.

Zwerg mit Fisch als Vase; Porzellan; 11,5 cm groß; Thüringen ca. 1910.

Ja, und das war's schon. Wie gesagt, ist unsere Rolle in der deutschen Literatur eher zwergig, sieht man von ungezählten, meist kitschigen Zwergengeschichten für Kinder ab, die ihren jungen Lesern erfundene Geschichtchen als Wahrheit vorgaukeln, die aber mit uns, den Zwergen, nichts, aber auch gar nichts gemein haben oder uns in Rollen drängen, denen wir liebend gerne ausweichen würden. Aber der Phantasie von Autoren ist ja bekanntlich keine Grenze gesteckt.

Nach all dem Wahren, Schönen, Guten will ich dich darum auch noch mit einer dieser süßlichen Zwergengeschichten malträtieren, die über Schülergenerationen in den Lesebüchern stand. Verzapft hat sie Irmgard von Faber du Faur, die schon in den zwanziger Jahren eine bekannte Kinderbuch-Autorin war und die hier mit ihrem ›Zwerglein am Muttertag‹ verewigt wird:

Die Kinder sagen: ›Wir müssen schnell mal weggehen.‹ Und fort sind die Kinder. Vater und Mutter warten, was kommt. Es klopft an die Tür. Da kommt ein kleines, gebücktes Zwerglein her mit einem langen, grauen Bart.

Es sagt zur Mutter:

›Ich bin das Zwerglein Rumpelfett. Ich sägte dir ein Schlüsselbrett.‹

Und es legt ein schönes Schlüsselbrett vor die Mutter hin . . .

Und es klopft wieder.

Und da kommt wieder ein Wichtelmännchen herein, noch kleiner und gebückter als das erste. Es trägt ein Körbchen voll Blumen. Es schüttet die Blumen der Mutter in den Schoß und sagt dazu:

›Ich bin das Zwerglein Wachsnocheinbissel.

Ich bring dir Maßliebchen und Himmelsschlüssel.‹

64

Und dann fassen sich die drei an der Hand und tanzen um die Mutter herum. Sie singen:

›Wir wünschen dir viel Freud und Glück.

Wir gehn jetzt in den Wald zurück.‹

Das war die beste Idee, die die drei in der ganzen Geschichte hatten. Ich will dich mit dem Rest der Handlung nicht auch noch behelligen. Aber du siehst, für welchen Kitsch wir auch mißbraucht wurden! *Zwerg Wachsnocheinbissel*, das ist ja so klebrig süß, daß es für jeden Diabetiker verboten gehört.

Die berühmten Ausnahmen von der Regel sind die beiden Bücher

Judy Garland und andere in dem Hollywood-Klassiker »Das zauberhafte Land« (»The Wizard of Oz«), 1937.

»Der Herr der Ringe« – ein Buch, das wohl nur als Zeichentrick-Film auf die Leinwand zu bringen war, so phantastisch ist die Welt, die J.R.R. Tolkien in seinen Büchern entwarf. Und die Zwerge heißen hier Hobbits.

der niederländischen Forscher Rien Poortvliet und Wil Huygen, die in den siebziger und achtziger Jahren *Das große Buch der Heinzelmännchen* und *Das geheime Buch der Heinzelmännchen* herausbrachten. Zwei Bücher, die in schon beinahe anthropologischer Detailbesessenheit Alltag und Leben meiner Anverwandten in Nord- und Osteuropa beschreiben und gerade bei erwachsenen Lesern, die sich den Mut zum Zwerg bewahrt haben, eine große Leserschaft fanden. Da unsere Leserschaft mit der der beiden Holländer aber erwartungsgemäß identisch ist, kannst du diese Veröffentlichungen als bekannt voraussetzen und dich auf unsere Thematik konzentrieren. Wir wollen ja keine Doktorarbeit abliefern. Denn dann müßtest du auch noch über die Zwerge in der Fantasy-Literatur berichten, die seit über 20 Jahren bei euch so populär ist. Über Tolkiens Romantrilogie *Der Herr der Ringe* zum Beispiel, die international zu einem Kultbuch geworden ist.

Schon im ersten Roman *Der kleine Hobbit* entwickelt Tolkien ein Phantasiereich, dessen Bewohner – eben die Hobbits – in einer Welt leben, die mit der uns bekannten nur sehr wenig gemein hat. Fantasy eben. Und da ist bekanntlich alles möglich, sogar, daß die Hobbits angeblich nicht einmal Zwergengröße erreichen. Und außerdem leben sie im *Nordwesten der alten Welt, östlich des Meeres,* wo immer das sein mag, und eine eigene Sprache mit einer vollständigen Grammatik hat Tolkien ihnen auch noch verpaßt. Kurzum laß die Finger von den Fantasy-Zwergen. Da blickt keiner mehr durch, und du ersparst dir eine Menge Ärger, wenn du mit beiden Füßen auf dem Boden der Wirklichkeit bleibst.

Wo wir aber gerade beim Thema Sprache und Dichtung sind:

Ich habe mal spaßeshalber nachgeforscht, wie es um uns Zwerge im Schatz der deutschen Sprichwörter steht – ärmlich, kann ich nur sagen, und eine lange

Suche war es auch. Endlich fand sich ein deutsches Sprichwörter-Lexikon von 1880, das zumindest 32 Spruchweisheiten aufwies. Seitdem ist Ebbe, keine originellen Sprüche mehr, seit wir leibhaftig unter euch stehen.

Dafür hat sich die Umgangssprache meiner angenommen, und es graust mich, es zu wiederholen, denn es ist nicht schmeichelhaft, wie ihr Deutschen den Namen unserer Gattung verwendet. Da steht Gartenzwerg für

a) Anfänger; b) kleinwüchsiger, unbedeutender, häßlicher Mensch; c) Schüler der Unterstufe. Ein abgebrochener Gartenzwerg ist ein unsympathischer Mensch. Ein abgebröckelter Gartenzwerg ist ein bejahrter Herr, der auf junge Mädchen scharf ist. Als ausgestopfter Gartenzwerg wird ein Versager beschimpft. Und wer schlechter Laune ist, mault wie ein gereizter Gartenzwerg.

Als erfreuliches Beispiel ist mir aus den letzten Jahren nur Werner Herzogs Filmtitel von 1970 aufgefallen: *Auch Zwerge haben klein angefangen.* Dem ist nichts hinzuzufügen.

»Auch Zwerge haben klein angefangen« – wie der Motorradfahrer auf dem Szenenfoto demonstriert.

8. Der gute Ton

Würde ich hier mit dir eine Märchenstunde abhalten, dann könnte ich dir vielleicht die Geschichte auftischen, daß wir Gartenzwerge, egal ob wir später einmal im draußen oder im Haus unseren Aufgaben nachgehen, aus der Erde geboren werden.

Das ist selbstverständlich blühender Unsinn. Und selbst den Jacob-Sisters, die sich mit unserer heimlichen Hymne *Adalbert, schenk mir einen Gartenzwerg...* einst in die Herzen von Zwerg und Mensch gesungen haben, waren nicht naiv genug, auf diese Legende hereinzufallen.

Seit unserer Geburtsstunde, damals in Gräfenroda, werden die echten Gartenzwerge aus Ton gemacht – und zwar von Menschen. Daran führt kein Weg vorbei. Allenfalls Gips läßt die orthodoxe Nanologie noch als Ursprungsmaterial zu. Damit ist dann aber auch Sense. Und das hat auch seine Gründe. Nur Gartenzwerge aus Ton oder Gips sind beseelte Gartenzwerge. Zwerge also, die zusammen mit ihren Menschen altern und im Laufe der Jahre und Jahrzehnte einen Charakter entwickeln, der sie unverwechselbar macht. Eine reife, entwickelte Zwergenpersönlichkeit entsteht so.

Aber ich will dir der Reihe nach erzählen. Zu Beginn jedes neuen

Alles klar zum Transport! Frisch bemalt und lackiert wartet eine neue Zwergen-Hundertschaft auf ihren Einsatz in irgendeinem Garten. Wo auch immer der Wind der Marktwirtschaft sie hintreiben wird, ob in den kleinen Schrebergarten am Bahndamm oder auf den feinen englischen Rasen vor einer Villa – sie werden ihren Zwerg stehen!

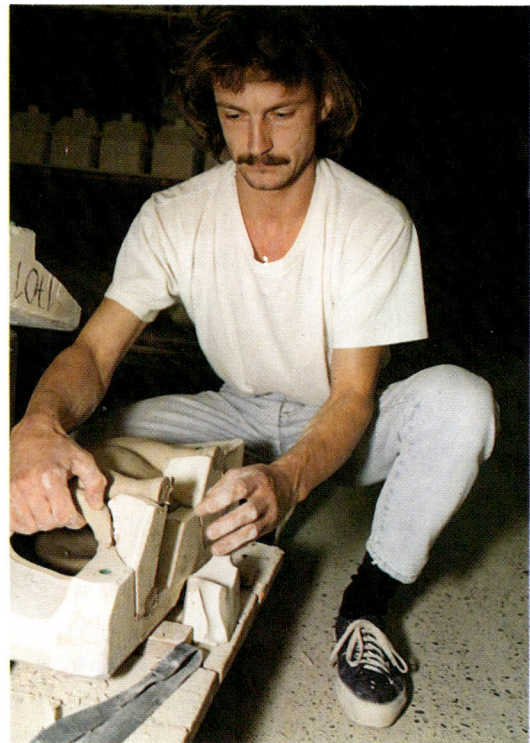

Der feuchte Beginn eines Gartenzwergs. Tonerde und Wasser sind zu einem Brei vermahlen worden, dem sogenannten Schlicker, der in die Formen eingefüllt wird.

Das Entformen ist einer der kritischen Momente zu Beginn eines Zwergenlebens. Vorsichtig muß die noch feuchte Tonfigur aus der Form gelöst werden – sonst beginnt alles von vorne!

Gartenzwerges steht zunächst einmal die Idee, entworfen auf einem Stück Papier. Nach diesen Vorstellungen, die bei erfolgreichen Modellen meist durch Zwergenintuition dem Menschen eingegeben werden, formt der Modelleur dann das erste Modell. In der Autobranche würde man jetzt vom *Prototyp*, in späteren Entwicklungsphasen gar vom *Erlkönig* sprechen. Uns Zwergen liegt diese Art von Eitelkeit allerdings gar nicht. Lassen wir darum diese Wortspielereien auf sich beruhen, wenn auch der Begriff *Erlkönig* besser zu uns als zu einem Auto passen würde.

Immer vorausgesetzt, der Zwerg gefällt, wird jetzt die erste Negativform in Gips gegossen, und dann geht es – vereinfacht gesagt – auch schon los mit der Zwergenproduktion:

In sogenannten Naßmühlen wird Tonerde mit Wasser zu einem Brei vermahlen. Der *Schlicker*, wie ihn die Keramiker nennen, wird dann bis zur Verarbeitung ständig in

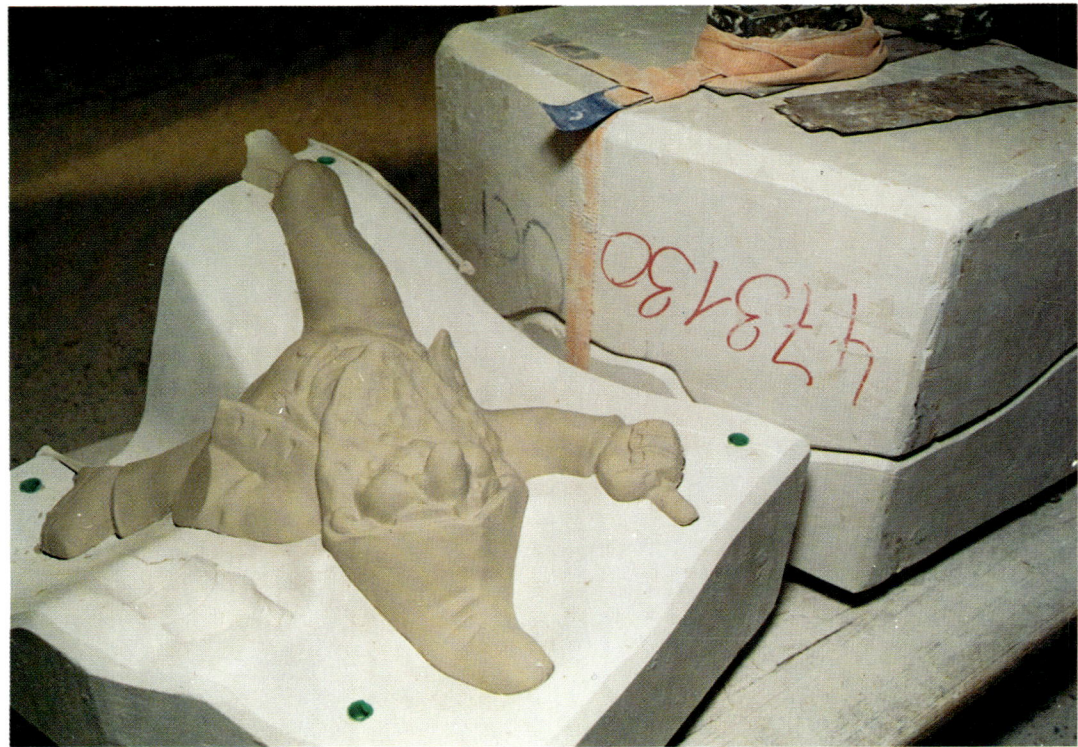

Bewegung gehalten und, sobald er gebraucht wird, in die Gießerei gepumpt. Hier warten schon die eben erwähnten Gipsformen. Aufgefüllt mit dem Brei entzieht der poröse Gips während der folgenden Minuten dem Schlicker einen Teil des Wassers, und an der Innenseite der Form bildet sich langsam eine immer stärker werdende Schicht aus feuchtem Ton. Wenn die Schicht dick genug ist, wird der übrige Schlicker abgegossen und kehrt in den Produktionsprozeß zurück.

An dieser Stelle will ich auch mit einem anderen alten Märchen aufräumen. Vereinzelt findet

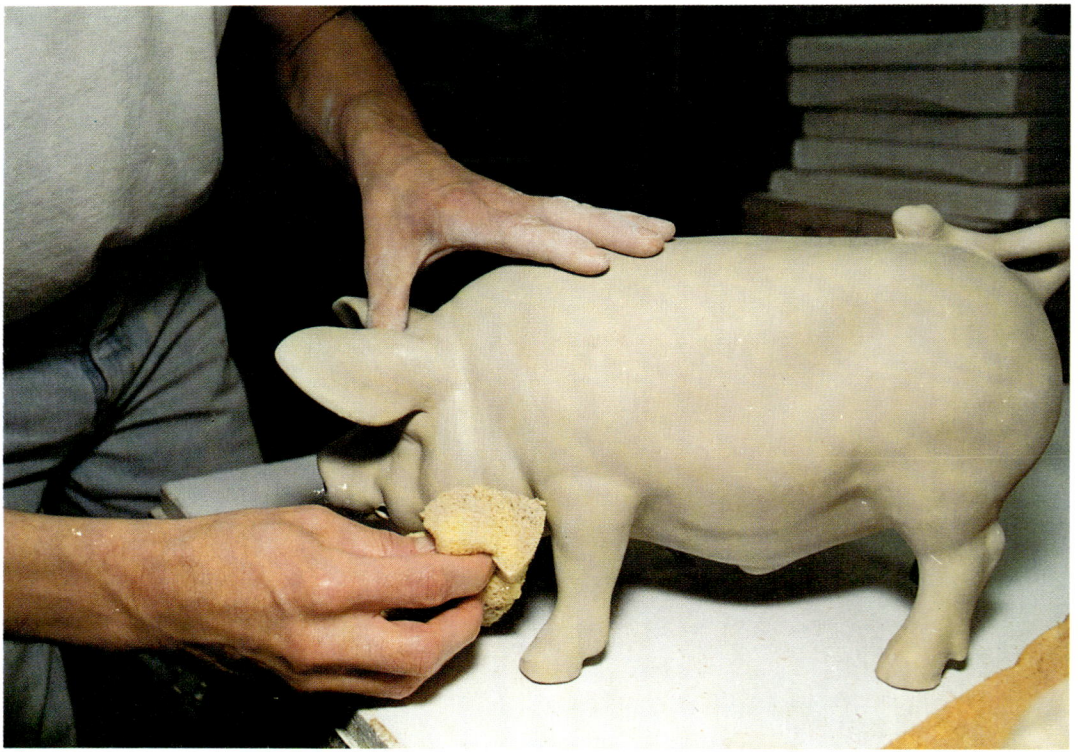

Aufgesessen! Schwein und Zwerg werden eins. Und damit beide Figuren auch richtig zusammenpassen, werden schnell noch die letzten Unebenheiten beseitigt und der Reiter fest in den Sattel gesetzt. Denn als nächste Station wartet der Brennofen, und danach sind keine Korrekturen mehr möglich.

zwerg bei Hobby-Nanologen immer noch den Hinweis, Gartenzwerge würde hohl produziert, damit ihr zukünftiger Besitzer ihnen die Seele einhauchen könne. Auch das ist natürlich hanebüchener Unsinn. Beseelt sind wir allein aufgrund des Materials, aus dem wir geformt sind und in dem wir der Schöpfung des Menschen so ähnlich sind. Wenn du nur ein bißchen bibelfest bist, ahnst du warum.

Ist die Tonschicht in der Form nach einigen Stunden weiter abgetrocknet, wird die Form geöffnet und der sogenannte *Rohling* entnommen. Das kann bei kleineren

Nachdem der Brennofen überstanden ist, kommt Farbe in das junge Zwergenleben. Fast ausschließlich Frauen sind es, die den Zwergen, im Werk oder in Heimarbeit, ihr freundliches Äußeres geben.

71

Das Finish, bevor er sich auf den Weg in den Garten machen kann.

Zwergen die ganze Figur sein. Bei größeren sind es die verschiedenen Körperteile, die nun mit verdicktem Schlicker zusammengefügt, der Fachmann sagt *angarniert* werden. Die angetrockneten Nähte zwischen den einzelnen Teilen werden dann noch mit dem Messer *verputzt* und schließlich mit einem feuchten Schwamm *verwaschen*. Ab diesem Arbeitsgang ist der spätere Zwerg in seiner Gestalt klar zu erkennen.

Ist der Rohling durchgetrocknet, kommt die heißeste Phase seiner Zwergwerdung. Bei Temperaturen um die tausend Grad Celsius wird er sechs bis sieben Stunden lang

Ein strapazierfähiger Schutzlack bewahrt den Zwerg vor Wind und Wetter. So beschützt kann er viele Sommer im Garten stehen ohne blaß zu werden.

Zugegeben – eine auch für Zwerge unwürdige Haltung. Wie oft schon hat die Internationale Vereinigung zum Schutz der Gartenzwerge gegen diese Art des Trocknens protestiert! Militante Nanologen sollen sogar schon versucht haben, Zwerge aus dieser peinlichen Situation bei Nacht und Nebel zu befreien. Aber ohne Erfolg. Das einzige was sie sich geholt haben, waren klebrige Finger.

im Ofen gebrannt. Wer diese Prozedur unbeschadet übersteht, ist reif für das Zwergenleben. Ich spreche da aus eigener Erfahrung.

Was dann folgt, haben alle mir bekannten Zwerge und auch ich in angenehmster Erinnerung: Meist von Frauen wird jeder Zwerg per Hand liebevoll bemalt. Das geschieht entweder direkt in der Fabrik, oft aber auch in Heimarbeit. Meist sind viele Arbeitsgänge dazu notwendig, bis wir – zum Schluß noch mit einem wetterfesten Schutzlack überzogen – endlich bereit sind, das Licht des Gartens zu erblicken.

Bei den nicht-beseelten Gartenzwergen aus Plastik ist die Produktion wesentlich einfacher. Zwar ist
die Form edler, sie ist aus Kupfer,
damit hat es sich dann aber auch
schon.

Zuerst wird PVC-Paste mit einer
Dosierpistole in die Form gefüllt,
und dann bei unter dreihundert
Grad – mehr halten die Jungs
nämlich nicht aus – rotieren die
Kupferformen mit der Plastik-
masse im Ofen um die eigenen
Achsen. Durch das Schleudern
verteilt sich die Masse gleichmä-
ßig an die Innenwände. Mit einer
Vakuumpumpe und einer Zange
wird der Rohling dann aus der
Form gezogen. Noch schwabbelig
und instabil ist der Plastikgnom
und muß darum sofort mit Preßluft
aufgeblasen werden, damit er
nicht in sich zusammensackt.

Und auch per Hand bemalt werden nur die wenigsten Plastikzwerge. Mit Spritzpistole und
Druckluft wird ihnen die Farbe
aufgetragen. Nur wenn noch ein
paar Feinheiten nachzutragen
sind, hilft jemand mit dem Pinsel
nach. Du siehst, Plastikzwerge sind
von Anbeginn ihrer Entstehung die
Underdogs unserer Art.

Und doch erwähnt Nagl in seiner
hervorragenden Abhandlung, daß
einige liberale Nanologen den Pla-
stikzwerg als kleinen Schritt in die
richtige Richtung betrachten. Ich
kann es mir nicht vorstellen. Aber
wie dem auch sei: Eine Entscheidung darüber, ob dem Plastik-
zwerg wirklich die Zukunft gehören sollte, brauchen wir in den
nächsten Jahren erst einmal wohl
nicht zu befürchten.

Auf jeden Fall werden wir von
Jahr zu Jahr mehr, und die nahezu
unverwüstlichen Plastikzwerge tragen das ihre dazu bei. Insgesamt
verlassen pro Jahr zwischen
800.000 und 1.000.000 Gartenzwerge in Deutschland die Formen. Das sind rund 98% der Welt-
produktion.

In deutschen Gärten stehen zwischen 25 und 30 Millionen Gartenzwerge. Damit kommt auf jeden
3,2ten bzw. 2,666ten Bundesbür-
ger, egal ob Säugling oder Greis,
einer von uns.

Du siehst, hierzulande mußt du
dir schon große Mühe geben,
willst du uns aus dem Weg gehen.

Deutscher Cowboy;
Steingut; Das Zwer-
genkaufhaus/Rot am
See 1993.

9. Im geteilten Zwergenland

Die Gartenzwerge und die Deutschen, das war ein friedliches Neben- und Miteinander über die Jahrzehnte. Wir haben uns nie in die Politik gemischt, und die kleinen Familienbetriebe im thüringischen Gräfenroda haben von uns Zwergen so viele produziert, wie eben auf den Märkten im In- und Ausland absetzbar waren. Das war so im Kaiserreich, während der Weimarer Republik, und auch das Dritte Reich haben wir unbeschadeter als die meisten Deutschen überstanden.

Selbst gegen Ende des Zweiten Weltkrieges, als auch in Gräfenroda der *Heldenklau* umging und jeder halbwegs wehrtüchtige Mann an die Front mußte, kamen hier noch Gartenzwerge zur Welt und wurden versandt in alle Welt. Es waren zwar bei weitem nicht mehr so viele wie in Friedenszeiten, aber die wenigen Rentner, die noch in den Betrieben übriggeblieben waren, taten ihr Bestes, wenn auch viele von ihnen in erster Linie Profaneres für den täglichen Bedarf produzieren mußten.

Liegender Zwerg mit Bierkrug; Biskuitporzellan; 12 cm lang; Thüringen um 1900.

In den folgenden Jahren ging es in Deutschland – oder was davon noch übrig war – drunter und drüber. Aber das kannst du in jedem Geschichtsbuch nachlesen. Gräfenroda gehörte mit Thüringen zur sowjetisch besetzten Zone, und die Menschen hatten andere Sorgen, als sich um das Wohl und Wehe von uns Gartenzwergen zu kümmern. Außerdem gab es uns ja noch.

Auch in den Nachkriegsjahren kamen noch neue Gartenzwerge in den Handel und wurden exportiert. Ein alter Fabrikant, der 1946 aus der Kriegsgefangenschaft zurückkam, hat mir erzählt, daß in den ersten Jahren sogar schon wieder Zwerge aus Gräfenroda nach Skandinavien, nach England und bis in die USA exportiert wurden. Die Leute in den Ländern, wo der Krieg fern geblieben war, hatten Muße genug, sich an uns zu freuen. Aber auch in deutschen Gärten fanden die ersten Friedenszwerge ihre neuen Plätze. Die Preise für uns mußten übrigens im Osten schon damals, vor Gründung der DDR, vom Staat genehmigt werden, und du wirst lachen: Es waren nicht nur die Preise, die schon 1944 gültig waren, sie blieben es auch bis 1989!

Im ganzen Durcheinander der Nachkriegszeit war also die Zwergenwelt in Gräfenroda trotz allem heil und behütet – bis zum 31. August 1948. An diesem Tag

»Achileas« (Schreber-
barock); Kunststoff;
38 cm groß; entworfen
von Michaela Lange
Hochschule für ange-
wandte Kunst, Mei-
sterklasse Keramik,
Wien 1990.

erschienen im *Zentralverord-
nungsblatt* der deutschen Wirt-
schaftskommission, das war eine
Art Wirtschaftsministerium der
sowjetischen Besatzungszone, die
›Richtlinien für die Produktion im
Jahre 1948‹. Der Wirtschaft muß
damals wirklich das Wasser bis
zum Hals gestanden haben. Überall fehlte es an Rohstoffen, und
deswegen verbot man ab sofort
den Verbrauch von Grundstoffen
für die Herstellung von Produkten,
die nicht unbedingt notwendig
waren. Und die Bürokraten hatten
ganze Arbeit geleistet:

Textilien durften nicht mehr zu
Bademänteln, Sportschlafsäcken
oder Wandbehängen verarbeitet
werden. Koffer, Brieftaschen und
Jacken aus Leder waren verboten,
genauso wie Gartenmöbel, Papier-
körbe oder Zeitungshalter aus
Holz; Teller, Poesiealben oder Bon-
bonnieren aus Pappe und Papier.
Auch *Gegenstände* – was für ein
Wort – aus Glas und Keramik fie-
len unter die Verordnung, und ihre
Produktion war verboten, sofern

sie nicht für den Export bestimmt
waren. Damit kam erst einmal das
Aus für uns, denn als das Verbot im
November 1948 in Gräfenroda
durchgesetzt wurde, wollte es das
Pech, daß die alten Exportver-
träge erfüllt und neue nicht in Aus-
sicht waren. Da waren einige
Handwerker im Ort erst einmal
ohne Arbeit.

Merkwürdigerweise wurde das
Verbot im Ort auch noch ganz
anders begründet als in Berlin.
Hieß es da Rohstoffmangel, ließ
die Behörde in Thüringen die
Fabrikanten wissen, das Verbot sei
wegen Brennstoffmangel notwendig. Geradezu widersinnig, denn
als Brennstoff für die Öfen wurden
seit je her Stubben, also Baum-
stümpfe, verwendet, den Ton holten die Gräfenroder aus einer
nahen Tongrube. So hatte ja alles
mal angefangen, und an beidem
herrschte in den Wäldern um Gräfenroda kein Mangel.

Kurzum, bald erkannte man im
Ort die Absicht und war verstimmt.
Beim Aufbau des Sozialismus stör-
ten wir Zwerge nur. In den Augen

Zwergin; Pappmache;
46 cm groß; Schaufen-
sterfigur hergestellt
auf den Philippinen
für den deutschen
Markt 1992.

aufrechter Marxisten waren wir ein Greuel, nur waren sie schlau genug, es nicht offen auszusprechen. Die ganze Welt hätte über sie gelacht. Aber, wie gesagt, für den Export, um Devisen in die Staatskassen zu bringen, waren wir Zwerge gut genug. Nur die kleinen Privatbetriebe gerieten in den folgenden Jahren immer mehr unter den Druck neuer Wirtschaftsgesetze, so daß es bei einigen bis zu drei Jahren dauerte, bis endlich die ersten neuen Zwerge in Gräfenroda entstehen konnten und die östliche Hälfte des geteilten Zwergenlandes zum Export verlassen durften. In der DDR selbst bestand ein regelrechtes *Absatzverbot* bis zum Sommer 1952.

Wenige Wochen, nachdem die SED den beschleunigten Aufbau des Sozialismus verkündet hatte, fiel auch das Zwergenverbot. Zufall oder Absicht? Hofften die Ideologen, daß sie das sozialistische Bewußtsein bei den Bürgern in der DDR schon so weit entwickelt hatten, daß sie gegen den Anblick eines Gartenzwergs gefeit waren? Oder hatte lediglich ein untergeordneter Verwaltungsmensch – Ideologie hin, Ideologie her – ein Einsehen mit uns und unseren Produzenten? *Ein weites Feld*, würde Fontane sagen.

Wie auch immer, die Betriebe in Gräfenroda teilten in den folgenden Jahren und Jahrzehnten das Schicksal der meisten Privatbetriebe in der DDR. Erst kam die zwangsweise staatliche Beteiligung, und schließlich wurden alle Betriebe ganz vom Staat übernommen und im ersten und einzigen

79

volkseigenen Gartenzwerg-Betrieb der DDR zusammengefaßt. Der *VEB Keramik Gräfenroda* setzte den vorläufigen Schlußpunkt hinter eine Tradition, die mit den *Thon-Thier und Thierkopf*-Fabriken der Gründerzeit begonnen hatte.

Wir Gartenzwerge durften im neuen Firmennamen natürlich nicht erwähnt werden, obwohl sich der Betrieb durch uns bald als sprudelnde Devisenquelle für den Staat erwies. Auf den Frühjahrs- und Herbstmessen in Leipzig waren wir immer dabei und füllten die Auftragsbücher. 80 Prozent der Zwerge aus Gräfenroda erhielten so die Ausreiseerlaubnisse in die *BäÄrDeh* oder nach Skandinavien. Der traurige Rest, meist sogenannte *B-Ware*, die wegen kleiner

Fehler für den Kapitalismus nicht taugte, durfte die Gärten zwischen Kap Arkona und Fichtelberg verschönern.

Geduldet, aber nicht wohlgelitten.

Ihnen fehlte, wie allen von uns, das Heroische des ersten Arbeiter- und Bauernstaates, der den sozialistischen Realismus in der Kunst zum Dogma erhoben hatte. Im Gegenteil: Die Gartenzwerge im real existierenden Sozialismus waren die ersten, die die später so oft beschriebene Nischengesellschaft vorgelebt haben, in die sich im Laufe der Jahre auch immer mehr DDR-Bürger zurückzogen. Nicht umsonst sprach das *Neue Deutschland* von uns als *kleinbürgerliche Relikte*. Wenn man sie denn bekam.

Zwerg mit Frosch in Schubkarre; Porzellan-Teller; 18 cm Durchmesser; Entwurf Prof. Paul Lothar Müller für Thomas Porzellan ca. 1920.

Gartenzwerge blieben im Osten Deutschlands bis zur Wende Mangelware. Und von den wenigen, die es gab, gingen die meisten auf dem Weg in den Handel *verloren* und fanden über gute Beziehungen *direktere* Wege zu ihren Freunden. Und so kam es, daß enttäuschte, weil übergangene Gartenbesitzer aus der Not eine Tugend machten, Zwergenkopien in Gips nachgossen, um endlich einen eigenen Zwerg aufstellen zu können. Es waren bedauernswerte Kreaturen, denn meist dauerte es nicht lange, und Amseln machten sich mit ihren spitzen Schnäbeln an ihnen zu schaffen. Die Folge: angepickte Zipfelmützen, kaputte Nasen, häßliche Löcher in Wams und Schürze. Manche wurden sogar geblendet! Welche Dramen sich in ostdeutschen Gärten abgespielt haben mögen, welche Zwergenschicksale auf diese grausame Art erfüllt wurden – mir fehlen die Worte. Das wären genaugenommen Fälle für die IVZSG gewesen, für die Internationale Vereinigung zum Schutz der Gartenzwerge, von der ich dir nachher noch genauer berichten will. Nur leider reichte ihr Einfluß nicht bis hinter den eisernen Vorhang. Und in der KSZE konnte sie bis zum Fall der Mauer ihren Einfluß für uns Zwerge nicht geltend machen.

Doch ich bin abgeschweift. Eigentlich wollte ich dir noch ein bißchen von den Menschen erzählen, die uns produzieren. Der Grund, warum Gartenzwerge seit den 50er Jahren auch im Westen Deutschlands produziert wurden und bis heute produziert werden, ist einleuchtend. Über zweieinhalb Millionen Deutsche haben von 1949 bis zum Mauerbau die DDR verlassen, und natürlich waren darunter auch der eine oder

»Schwimmer«; Steingut 3(4?)-teilig; Hochschule für angewandte Kunst, Meisterklasse Keramik, Wien 1990.

andere aus Gräfenroda. So auch der Vater von Günter Griebel, der bald nach dem Verbot der Zwerge Gräfenroda verließ, mit seiner Familie in den Westen ging. Die Tradition, Gartenzwerge zu produzieren, nahm er gleich mit. Klein und bescheiden begann er ab 1950 mit der Produktion buchstäb-

(unten links) Rauchverzehrer; durchscheinendes Porzellan; 20 cm groß; Bayern um 1950.

(unten rechts) Zwerg; PVC; 36 cm groß; Ceho-Plastik 1978.

lich in einer Waschküche. Mit den ersten Mustern schwang er sich aufs Fahrrad und besuchte alte Kunden, die er schon aus Gräfenroda mit Zwergen beliefert hatte. Das waren in erster Linie Zoo- und Samenhandlungen oder Eisenwarengeschäfte, eben Fachgeschäfte, die traditionell seit Jahrzehnten Gartenzwerge in ihren Sortimenten führten. Gartencenter gab es ja noch nicht.

Bald war die Waschküche zu klein, der Betrieb florierte, die Umsätze stiegen, und wir Gartenzwerge hatten im Westen eine neue *Wiege* gefunden. Und es war bei weitem nicht die einzige, denn noch andere Keramiker verließen ihre Heimat in Thüringen und nahmen den gleichen Weg wie die Griebels. Bis die Mauer das Land für Jahrzehnte teilte und nun auf beiden Seiten der Grenze Urenkel und Enkel der einstigen Firmengründer aus Gräfenroda lebten, die jetzt ihrerseits in Ost und West mithalfen, das Volk der Gartenzwerge zu vermehren –

zumindest in den fünfziger Jahren. Wir hatten zwar die ersten Probleme mit unserem – wie man heute sagen würde – Image, aber das tat den Umsätzen keinen Abbruch. Mochte uns für spießig halten wer wollte, die, die uns liebten, stellten uns auch weiter in ihre Rabatten.

Aber mit Beginn der sechziger Jahre wurde es für uns beseelte Zwerge, also uns Keramikzwerge aus dem Westen, immer schwerer, Käufer zu finden. Das hatte mehrere Gründe: Zum einen machte uns der künstliche PVC-Zwerg Konkurrenz, der billiger und leichter war; zum anderen entwickelten sich die Kollegen aus Gräfenroda zu einer harten Konkurrenz. Der staatliche Außenhandel der DDR wußte, daß mit Gartenzwergen gute Devisen zu verdienen waren, und drückte die Kollegen mit Dumpingpreisen auf den westdeutschen Markt, die konkurrenzlos unter den Angeboten der einst geflohenen Produzenten lagen. Es kam die Zeit, da hatten PVC und

Zwerg der Bruchpilot? Genau läßt sich das nicht mehr feststellen. Sicher ist nur: Die Zwerge kommen!

82

real existierender Sozialismus vereint der Zwergenproduktion im Westen fast den Garaus gemacht. Übrig blieb nur noch ein Unternehmen, das Keramik-Zwerge produzierte. Daß diese Firma auch ihre Wurzel in Gräfenroda hat, tröstete die abgehängten Konkurrenten wenig. Den Keramik-Betrieben blieb nichts anderes übrig, als nach neuen Produkten Ausschau zu halten, wollten sie überleben.

Und die Menschen, unsere Käufer, sie wandten sich von uns ab. Das läßt sich sogar wissenschaftlich beweisen:

Seit 1956 hat das Institut für Demoskopie in Allensbach insgesamt viermal jeweils 1000 Bürger

in Westdeutschland danach befragt, ob sie es gern haben, wenn ein Garten mit uns geschmückt sei:

58 Prozent aller Befragten sahen uns 1956 noch gern, 1961 waren es sogar 59 Prozent. Aber dann gehen die Zahlen in den Keller: 1972 45 Prozent, und bei der letzten Umfrage 1988 waren es sogar nur noch 39 Prozent. Du kannst dir vorstellen, wie niedergeschlagen wir damals waren. Aber damals haben wir die Talsohle durchschritten. Leider hat uns Frau Noelle-Neumann seitdem noch nicht wieder zur Abstimmung gestellt, aber auch ohne sie ist es sicher: Wir sind wieder auf dem Vormarsch!

Schon vor der Wende haben die Vögel diesen Zwerg aus Gips leicht lädiert. Doch das macht ihm und seinen Besitzern garnichts aus. Unverdrossen hält er weiter seine Harke in einem Schrebergarten in Luckenwalde/Brandenburg.

10. Der Herr der Zwerge

Als es mit uns Keramik-Zwergen vor rund dreißig Jahren bergab ging, gab es viele Versuche, das Steuer herumzureißen und mit neuen Zwergen neue Kunden anzulocken. Die Firma Heissner, die als letzte mit ihren Keramikzwergen am Markt blieb, versuchte es mit einem Autofahrer und einem Fotografen – ohne Erfolg. Auch der Versuch, Politiker als Gartenzwerge unters Wahlvolk zu bringen, schlug fehl. Am ehesten verkaufte sich noch Adenauer, aber Kennedy, de Gaulle, Chruschtschow, Erhard und Brandt waren reine Ladenhüter.

Was sich verkaufte, waren die traditionellen Formen, die den Ruch von Spießigkeit, den sie in den Fünfzigern angenommen hatten, nicht mehr loswurden. Der Zeitgeist war an den Zwergen vor-

beigezogen, und da half es auch nichts, daß, wie mir eine Veteranin der 68er Bewegung verriet, es an der Uni München in jenen Jahren guter Brauch gewesen sei, einander Gartenzwerge zu schenken, *weil halt die Zipfelmütze so schön rot war*.

Für das Gros meiner Kollegen war – auf ewig, so schien es – ein Leben im Ghetto vorherbestimmt, und das war der Schrebergarten.

Den ersten Aufschwung erlebten wir in der ersten Hälfte der achtziger Jahre, als die Deutschen das erste Mal in diesem Jahrzehnt von *Wende* sprachen. Das Traditionelle ließ sich plötzlich wieder besonders trefflich vermarkten. Auch die Zwerge, die mit der Schaufel in der Hand Arbeitseifer demonstrierten, mit Flöte, Buch und Angel Ruhe, ja Beschaulich-

Sieht-nix, Hört-nix, Denkt-nix, Sagt-nix – Zwerge als Politspardosen; Steingut; 25 – 28 cm groß; Das Zwergenkaufhaus/Rot am See 1992.

(links) Theo Waigel als Politzwerg; Steingut; 34 cm groß; Fa. Heissner/Lauterbach für Zipfel-Design 1991.

(rechts) Hans-Jochen Vogel als Politzwerg; Steingut; 54 cm groß; Fa. Heissner/Lauterbach für Zipfel-Design 1991.

(links unten) Zwerg auf Motorrad; Terrakotta; 25 cm groß; Thüringen 1992.

(unten) Helmut Kohl als Politzwerg; Steingut; 54 cm groß; Fa. Heissner/Lauterbach für Zipfel-Design 1991.

(links oben) Detlef und Martin . . . zwei die sich verstehn; Steingut; 28 cm groß; Zwergenkaufhaus/Rot am See 1992.

(rechts oben) Leck mich am . . . ; Steingut; 29 cm groß; Zwergenkaufhaus/Rot am See 1992.

Thüringer Tarzahn (richtig!!); Steingut; 30 cm groß; Zwergenkaufhaus/Rot am See 1992.

keit ausstrahlten, wurden wieder gartenfähig.

Und wieder tauchten deutsche Politiker mit Zipfelmütze auf. Doch ob nun Helmut Kohl, Franz Josef Strauß, Hans-Dietrich Genscher oder der kleine Norbert Blüm, kei-

ner konnte sich bei den Kunden durchsetzen. Nur die Presse nahm sich ihrer begeistert an – und das war es dann auch. Sie standen in den Schlagzeilen, in den Regalen der Händler, nur im Garten wollte sie kaum einer haben.

In jener Zeit – und jetzt verstehst du vielleicht, warum ich dir immer wieder von den Griebels aus Gräfenroda berichtet habe – hatte Günter Griebel die Leitung des Familienbetriebs übernommen. Selbst noch ein echtes Gräfenrodaer Kind, jüngster Sproß der Gartenzwerg-Dynastie, mit den Eltern in den Westen gekommen und mit uns aufgewachsen, hatte er, wie er sich erinnert, als junger Mann die *kindliche Unschuld dem Gartenzwerg gegenüber verloren – ich begann, ihm aus dem Weg zu gehen. Beruflich wie privat war es nicht von Vorteil, möglicher Erbe einer Gartenzwergfabrik zu sein. Kitsch war etwas für einfache Leute. Gartenzwerge paßten nicht in die neuen deutschen Vorgärten*

Das ZwergenKaufhaus

(oben von links nach rechts) Neue Zwerge braucht das Land? Es hat sie!

Der Grapafaz (neudeutsch für Gartenpartyfackelzwerg); der auch noch die müdeste Fete erleuchtet; die scharfe Susi, die zeigt, was zwerg sonst nur unter der Bettdecke ahnt; der Jungfernschreck (er lüftet das Geheimnis, was Zwerge unter dem Kittel tragen); Schöne Bescherung (der Weihnachtsschreck in der Abendstunde); Gnom Piss, der im Garten tut, was mancher Gast auf einem Gartenfest auch gerne täte.

der besseren Stände, außerdem waren sie dem Rasenmäher im Weg. Es war die Zeit, in der mit Luftgewehren auf Zwerge geschossen wurde. Die Zeit, in der sich Deutschland in zwei Parteien spaltete – in eine Splitterpartei, die Gartenzwerge liebte, und eine Massenbewegung, die Gartenzwerge haßte.

Und in dieser Zeit höchster Gefahr für meine Ahnen, wo wir Nacht für Nacht Anschläge in deutschen Gärten zu erwarten hatten, verleugnete uns der junge Mann! Nun, ich will mich nicht hin-

reißen lassen. Auch ein Griebel kann sich irren, und schließlich hat ja auch er – zusammen mit seiner Frau – den rechten Weg zurück zu uns gefunden. Sein Schaden war es jedenfalls nicht, dafür haben wir Zwerge schon gesorgt.

Aber der Reihe nach.

Den Weg zurück zu uns Gartenzwergen fand Günter Griebel über den Nachttopf. Du lachst, aber es war wirklich so. Denn hätte nicht ein bekanntes Auktionshaus – nein, nicht Sothebys, aber beinahe – also hätte dieses Auktionshaus nicht sehr erfolgreich die erste

(unten von links nach rechts) Der mit dem Rotkäppchen pennt (ein Macho, wie er im Buche steht); Einstein Senior (hoher IQ, lange Zunge); Herr Dr. Knolle-Neumann (der unter seiner Zipfelmütze mehr verbirgt, als mancher ahnt); Das Rasenmäher-Massaker vom 17.7. (ein tönernes Opfer der mechanisierten Gartenarbeit); der Demo-Rocker (ein Zwerg, der für und gegen alles ist, geeignet für jedes Wahljahr. Alle Zwerge auf dieser Doppelseite stammen vom Zwergenkaufhaus/Rot am See.

Mensch bist Du blöd! Der richtige Zwerg, wenn man seinen Nachbarn mal zeigen will, was man ihnen nicht sagen kann. Der moderne Gartenzwerg hat längst seine Nische zwischen Heckenrose und Radieschen verlassen und mischt sich ein in das zwischenmenschliche Gegeneinander über den Gartenzaun.

Nachttopfauktion der Welt durchgeführt, wäre man dort überhaupt nicht auf die Idee gekommen, mit einer ähnlich skurrilen Idee den Erfolg zu wiederholen. Und so kam es 1986 zur ebenfalls weltweit ersten Gartenzwerg-Auktion. Es waren zwar mehr Fernsehteams und Presseleute als Bieter angereist, aber der Beweis war

erbracht: Eine Renaissance stand bevor.

Der nie ganz erloschene, aber für Jahrzehnte unterdrückte Mut zum Zwerg der Griebels bekam neue Energie und setzte unternehmerische Energie frei. Schon ein Jahr später eröffneten sie das Zwergen-Kaufhaus mit neuen Produkten, die die Zwergenwelt bis

dato noch nicht gesehen hatte: Der kleinste Gartenzwerg der Welt ist von keiner Modelleisenbahn mehr wegzudenken; der Flachzwerg – eine überzeugende Alternative zum Flachmann; und selbst in St. Tropez sind seitdem die Poloshirts mit dem Krokodil out. Modebewußte tragen statt dessen ›Le Gnome‹.

Die Gesetze der freien Marktwirtschaft verlangten geradezu danach, daß die Griebels mit ihrer Initiative nicht alleine blieben. *Deutschlandtreffen der Gartenzwerge* zogen Käufer in Einkaufszentren, und die Besucher entdeckten – die einen früher, die anderen später – den Zwerg in sich.

(unten) Auch Zwerge sind manchmal reif für die Insel; Terrakotta; 30 cm groß; Thüringen 1992.

Doch damit nicht genug. Es bedurfte noch einer Katharsis, wie in einer griechischen Tragödie, die Jutta und Günter Griebel zu Vorreitern für eine lebenswerte Zwergenzukunft werden ließen. Es war der 20. April 1988. An diesem Tag erging vom Hanseatischen Oberlandesgericht in Hamburg ein Urteil, daß uns Gartenzwerge als Symbole der Engstirnigkeit und Dummheit beleidigte. Erspar mir jetzt die Einzelheiten, ich werde dir noch Genaueres erzählen. Wichtig ist in diesem Zusammenhang nur, daß wir Gartenzwerge von diesem Urteil an eine Welle der Sympathie erfuhren, die wir uns in unseren größten Zwergenträumen nicht erhofft hatten.

Griebels Antwort auf das *Hamburger Schandurteil* war ein Gartenzwerg ganz neuer, nie zuvor gesehener Art – schlichtweg genial. *Nachbars Opfer* erblickte das Licht des Gartens: In Jeans und weißem Hemd liegt er da, bäuchlings mit einem Messer im Rücken. Gemeuchelt von des Nachbars Hand. Kann es ein schöneres Mahnmal geben?

Und diesmal waren es nicht nur die Journalisten, die an dem Neuen Interesse zeigten. Auch das bisher so zurückhaltende, hochverehrte Publikum wollte ihn haben. Der Bann war gebrochen. Der Boden für eine neue Generation von Gartenzwergen war bereitet. Oder wie der von mir schon mehrfach zitierte Nanologe Bernhard Nagl es in kühler Analyse umschreibt: *Nach den Erfahrun-*

gen der früheren vergeblichen *Versuche ist dieser Umstand wohl zum einen in der geänderten, differenzierten Einstellung des Publikums zum Gartenzwerg zu suchen, zum anderen auch sicher in der Originalität der Entwürfe, die einen Zeitgeist, eine Marktlücke zur rechten Zeit getroffen haben.*

Denn seit Nachbars Opfer sind viele Gartenzwerge der neuen Art zu den Frankfurter Messen im Frühjahr und im Herbst gereist, wo das Zwergenkaufhaus meine neuesten Kollegen dem interessierten Fachpublikum vorstellt: zum Beispiel den Jungfern-Schreck, der als erster Gartenzwerg Schürze Schürze sein läßt und zeigt, was unter ihr steckt; der GAPAFAZ, der Gartenpartyfackelzwerg, zur Erleuchtung jeder noch so müden Fete; Tarzahn, der Zwerg aus dem Urwald; Detlev und Martin, die ersten Gartenzwerge, die sich zu sich bekennen; die vier weisen Polit-Zwerge Sieht-Nix, Hört-Nix, Denkt-Nix, Sagt-Nix; der Müsli-Zwerg, der mit seinem Vogelfutter als der Welt einziger Gartenzwerg im Winter Dienst schiebt, und last but not least *Udo – der Zwerg zum Film*, der in dem Spielfilm *Das war der wilde Osten* – auch das bisher unvorstellbar in der Gartenzwerg- und Filmgeschichte – eine Hauptrolle spielt.

Apropos Osten. Günter Griebel vermutet, vielleicht nicht ganz zu Unrecht, daß auch die Gartenzwerge im Osten mit Hacke, Schaufel und Schubkarre am Fall der Mauer mitgewirkt haben könnten. Denn auf dem Weg zur deutschen Einheit haben sich auch die Nachfahren von Phillipp Griebel aus Ost und West zusammengefunden und verhelfen jetzt wieder gemeinsam uns Gartenzwergen zu neuer Popularität.

Zwei Zwerge, zwei Philosophien: Während der eine seinem Job als Vogeltränke im Sommer nachgeht, schiebt der Müsli-Zwerg mit seinem Vogelfutter im Winter Dienst.

(Seite 92 oben) Originale gehören ins Museum! Darum stehen auf dem Balkon von Jutta und Günter Griebel Repliken der Zwerge, die sein Großvater um 1910 entwarf.

Mit dem Fall der Mauer und der Öffnung nach Osten hat eine neue Generation von Zwergen ihre Käufer gefunden. Überall auf den Märkten jenseits von Oder und Neiße sind sie zu finden – die Zwerge »Made in Poland«. Geschäftstüchtige Handwerker haben die Marktlücke für sich entdeckt. Keiner der sogenannten Polenmärkte hinter der Grenze, der nicht Zwerge in allen möglichen Größen für seine deutsche Kundschaft bereit hält. Und die deutsche Kundschaft kommt nicht nicht nur, sie kauft auch. Wie die meisten Artikel sind auch die Zwerge

auf diesen Märkten
weitaus preiswerter,
als in Deutschland.
Schon für 40, – DM
bekommt man einen
Zwerg von 80 cm
Größe. Und daß ein
Zwerg aus Gips schon
nach wenigen Regen-
güssen im Garten
schlapp macht, merkt
der Kunde erst wenn
es soweit ist. Dafür
sind die Modelle aus
Plastik umso haltba-
rer.
Das Design der
Zwerge mag dem
ihrer deutschen Kolle-
gen im Detail oder
ganz und gar schon
manchmal sehr ähn-
lich sein, Aber das
stört anscheinend
weder Käufer noch
Verkäufer.
Zentrum der Zwergen-

produktion in Polen ist das Städtchen Neusalz, hundert Kilometer hinter der Grenze. Über 55 Betriebe produzieren hier Zwerge für deutsche Kunden, oder besser für die polnischen Händler, die ihre Stände auf den Polenmärkten haben. Hier im Ort spricht kaum jemand deutsch, und auch mit andere Sprachen kommt man kaum weiter. So ist es schwierig, die kleinen Fabriken zu finden, die die neuen Zwerge produzieren. Wer sie aber findet, wird mit polnischer Herzlichkeit begrüßt. Meist sind es Familienbetriebe mit wenigen Angestellten, die ihr Glück mit den Zwergen versuchen. Zwerge für die Deutschen, das ist der große Schlager im Ort, und mancher hat es schon zu bescheidenem Wohlstand gebracht. Andere sind erst spät auf den Zug aufgesprungen und versuchen trotzdem ihr Glück. Wie lange der Zwergenboom »Made in Poland« anhält, weiß keiner.

11. Der Advocatus Gnomoli

Ein echter Bürgermeister als Politzwerg! Achim Exner, OB von Wiesbaden; Steingut; 50 cm groß; Sonderanfertigung Zwergenkaufhaus/Rot am See für Harlekin Geschenke/Wiesbaden limitierte Edition 1990.

Zwerg mit Holzschubkarre; Terrakotta; 44 cm groß, Thüringen um 1890.

Nichts und niemand auf dieser Welt sollte zu klein oder zu unbedeutend sein, als daß sich nicht eine Organisation fände, die die Rechte hilfloser Geschöpfe wahrt. Für euch Menschen gibt es da die UNO, UNICEF, das Internationale Komitee vom Roten Kreuz, den Europäischen Gerichtshof für Menschenrechte oder den deutschen Kinderschutzbund. Für die Tiere und die Natur setzen sich BUND, Greenpeace oder der World Wildlife Fund ein. Und was ist mit uns? Ich habe es schon kurz erwähnt, auch für uns gibt es eine Stelle, die unsere Interessen und Rechte schützt: die Internationale Vereinigung zum Schutz der Gartenzwerge, kurz IVZSG.

Diese Organisation ist vielen Gartenzwergen und ihren Freunden noch nicht bekannt, obwohl sie bis jetzt weltweit die einzige ist, die sich um unsere Belange kümmert und in ihrem Informationsdienst auf unsere Probleme aufmerksam macht. Das glaubst du nicht? Gut, dann will ich die IVZSG kurz mit ihren eigenen Worten vorstellen:

Die Internationale Vereinigung zum Schutz der Gartenzwerge wurde im Jahre 1980 in Basel gegründet, und sie hat sich zum Ziele gesetzt, die Minderheit der Gartenzwerge, vor allem in den deutschsprachigen Ländern, gegenüber ideellen und materiellen Nachteilen in Schutz zu nehmen. Zu diesem Zweck übt die Vereinigung, die ihren Sitz in Basel (Schweiz) hat, eine beobachtende, informierende, kommunizierende und beratende Tätigkeit aus. Außerdem unterstützt sie die verschiedensten Forschungsprojekte der Gartenzwergkunde (Nanologie).

Seit ihrer Gründung hat die IVZSG bereits fünf Gartenzwerg-Ausstellungen organisiert oder das Patronat für deren Durchführung (mit entsprechender Beratung) übernommen. Zudem wurden in den letzten Jahren 612 Zeitungsartikel veröffentlicht, fünf Fernsehsendungen etwa 61mal international ausgestrahlt, und die Zahl der Radiointerviews wird auf etwa 81 geschätzt.

In 111 Fällen hat sich die Internationale Vereinigung zum Schutz der Gartenzwerge für die Rechte ihrer Schützlinge gegenüber Werbetreibenden bzw. den ›Kreativen‹ eingesetzt. Ein Musterprozeß gegen eine Messegesellschaft wegen Verhöhnung von Gartenzwergen auf einer kommerziellen Messe ist noch immer nicht entschieden, da eine Einigung über das anzurufende Zwergengericht in einem Zwergstaat noch nicht erzielt werden konnte . . .

Der große Aufwand für die Durchführung von Ausstellungen, die Organisation von Symposien und einzelnen Vorträgen lohnt sich allemal, denn es kann festgestellt werden, daß die Nachfrage nach

›Kunde aus dem Land der Zwerge‹ um so mehr steigt, je mehr Automaten und Roboter in das Leben der Menschen eindringen und den unvermeidlichen Streß verursachen. Als Therapie empfohlen ist hier nach Meinung des Pädiaters (zu deutsch Kinderarzt) Dr. Guido Herz die Beschäftigung mit

den Gartenzwergen in der Praxis oder mit der wissenschaftlichen Seite der Nanologie in der Theorie!

Spiritus rector und guter Geist der Vereinigung ist Professor Dr. nan. (für Nanologie) Fritz Friedmann, ein Journalist in wohlverdienter Pension, der seine Arbeitskraft seit Gründung der IVZSG in

Sind Zwergensammler extrovertiert? Nicht mehr als andere Zeitgenossen auch, nur reicht bei manchem der Platz im Garten irgendwann nicht mehr aus, und dann muß die Sammlung an die Hausfront.

Noch ein Blick auf die Zwergenkollektion einer Wiesbadener Sammlerin. Das Zwergenhaus ist seit Jahren stadtbekannt.

»Total zufrieden« gemalt von Hans Bossart, Titel der schweizerischen Satirezeitschrift Nebelspalter 1992.

Schützt die Gartenzwerge!

den Dienst unserer Zwergensache gestellt hat. In unregelmäßigen Abständen berichtet er als einziger menschlicher Journalist, der Zugang zu den geheimen Beratungszirkeln der europäischen Gartenzwerge hat, in der angesehenen Schweizer Zeitschrift *Nebelspalter*. Seine Artikel finden gerade in Kreisen der Nanologen und der interessierten Öffentlichkeit große Resonanz. Aber was seine Arbeit für uns im Alltag so besonders wertvoll macht: Er achtet auf unseren guten Ruf. Heutzutage wird ja alles und jedes beworben, und die *Kreativen* – wie Friedmann sie nennt – vergreifen sich in der Hitze des Gefechts schon mal im Ton oder Bild. Das kann jeden von euch treffen – und tut es in der Mehrheit der Fälle auch –, aber die Menschen können sich wehren. Nur wenn irgendeine Werbeagentur mit unserm Namen oder Aussehen zum Wohle des Produkts, oder besser des Produzenten, aber zu unserem Nachteil, Schindluder treibt, dann ist das ein Fall für Fritz Friedmann.

Besonders sexistische und herabwürdigende Darstellungen sind ihm ein Dorn im Auge, und er rackert wie ein Zwerg, bis er das Unrecht aus der Welt geschafft hat. Dabei schießt er leider aber auch manchmal ein bißchen über sein Ziel hinaus. Finde ich wenigstens, aber zwerg kann da unterschiedlicher Meinung sein.

Einer von uns wird nämlich mindestens einmal im Jahr als Preis verliehen. Preise sind gemeinhin etwas Ehrenhaftes, und auf den ersten Blick gibt es keinen Grund, sich nicht geehrt zu fühlen. Aber hast du schon mal von einem Preis gehört, der von den Ausgezeich-

Wahre Zwergenfreunde möchten so ein freundliches Gesicht auch beim Früstück nicht vermissen. Besonders, wenn sich unter der Zipfelmütze ein warmes Ei verbirgt.

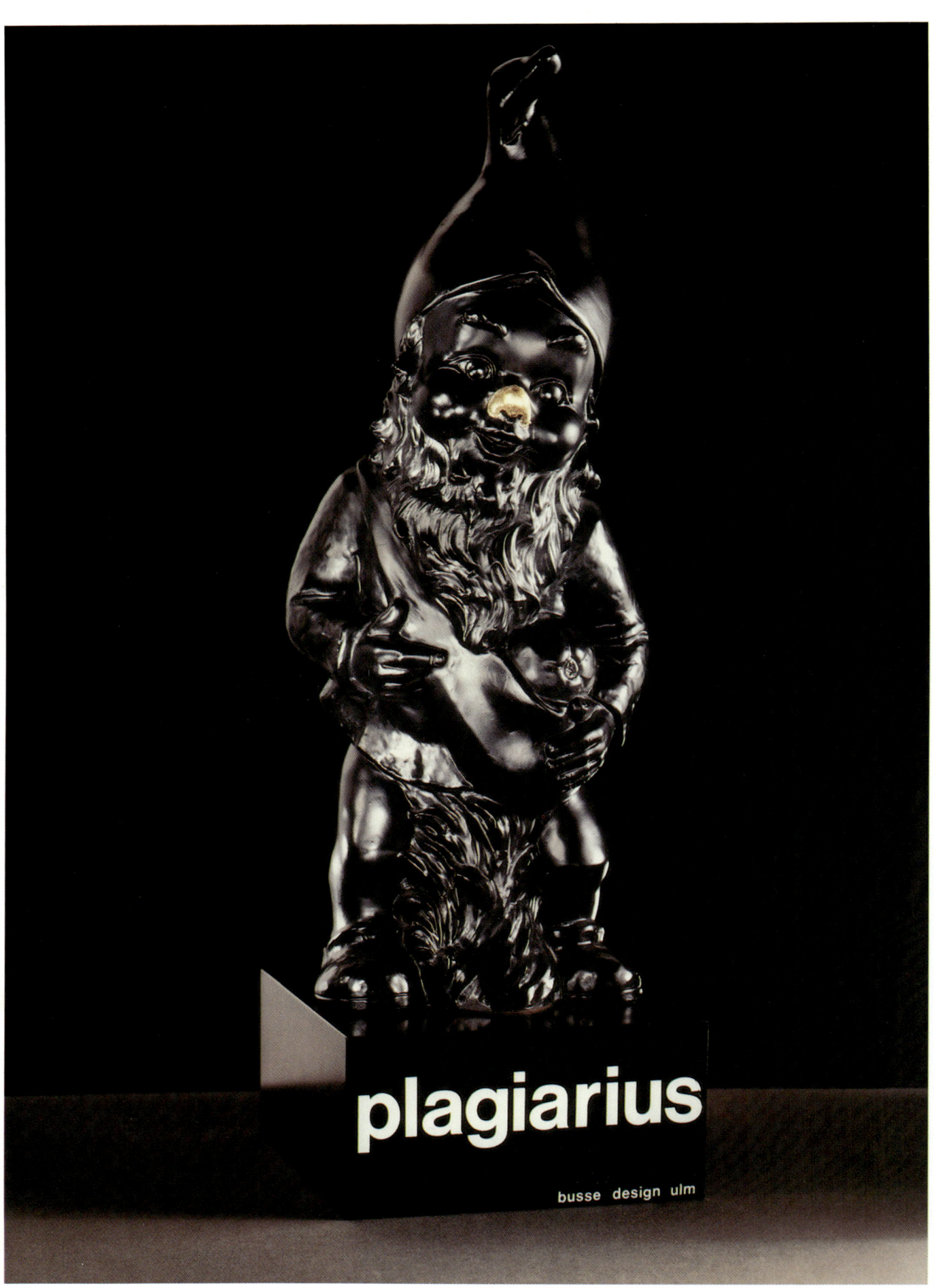

neten so gut wie nie abgeholt wird? Nicht einmal unbedingt, weil es ihm peinlich sein könnte, sich mit einem Gartenzwerg in der Öffentlichkeit zu zeigen, selbst wenn dieser schwarz ist und eine goldene Nase sein eigen nennt.

Der tiefere Grund liegt im Preis selber begründet. Er hört auf den stolzen Namen *Plagiarius* und wird seit nunmehr 18 Jahren für das

dreisteste Plagiat im Bereich Pro-dukt-Design verliehen. Alljährlich ist es auf der Frankfurter Konsum-gütermesse *Ambiente* wieder soweit. Firmen, die sich durch ein Plagiat ihrer Produkte geschädigt fühlen, reichen die Imitationen bei der *Aktion Plagiarius* ein, die sie dann mit Unterstützung der Frank-furter Messegesellschaft ausstellt und von einer unabhängigen Jury beurteilen und prämieren läßt. Und nachgeahmt wird in der Tat fast alles. Die Produktpalette der Preisträger reicht von der Desi-gner-Thermoskanne über Kuschel-tiere oder kompletten Küchenaus-stattungen bis hin zu modischen Geschenkartikeln. Und der Ideen-klau ist teuer. Jährlich kostet er die

Titelblatt-Desi-gner haben es schwer. Nur wenn sie ein urdeut-sches Thema zu gestalten haben, fällt ihnen oft ein Motiv ein: der Gartenzwerg.

Unternehmen, die mit eigenen originellen Produkten auf den Markt kommen, weltweit rund 100 Milliarden Mark.

Selbst wir Gartenzwerge sind vor dem Ideenklau nicht mehr sicher. Seit es mit uns wieder bergauf geht, werden auf Messen, aber auch auf den inzwischen berühmt-berüchtigten Polenmärkten entlang der deutsch-polnischen Grenze billige Kopien von uns angeboten. Bedauernswerte Kreaturen, die auf irgendwelchen Hinterhöfen das Licht der Welt erblickten, den originellen Zwergengestaltern in Deutschland aber zunehmend das Leben schwer machen.

Und gegen all diese unlauteren Geschäftemacher kämpft einer von uns. Also, ich bin stolz auf *Plagiarius*, der im übrigen zu Beginn seiner Laufbahn selbst einmal als Plagiat von einem Originalzwerg, der auf die schöne Artikelnummer Nr. 917 hörte, abgekupfert wurde. Doch Produzent und Preisverleiher arbeiten seit Jahren gut zusammen und halten zusammen – gegen die Proteste von Fritz Friedmann und seiner Vereinigung.

Dem ständigen Mahner und Beschützer unserer Art, der er den wissenschaftlichen Namen *nanus hortorum vulgaris* verliehen hat, liegt jeder Bereich unseres Zwergenlebens am Herzen, und er

zerrt Mißstände erbarmungslos an die Öffentlichkeit. So auch im Mai 92, als er sich in der Süddeutschen Zeitung unter der Überschrift ›Glasnost machte dem Gartenzwerg den Garaus‹ zum wiederholten Male ins Ohr der Öffentlichkeit drängte: *Honeckers Bauernstaat war ein Paradies der Gartenzwerge*, aber seit der Einheit mangele es an fleißigen Händen in Gräfenroda, die Zwerge bemalten, weil im Westen die Löhne höher seien. Kurz, er rief den *Nachschub-Notstand* aus, nahm den Artikel aber gleich zum Anlaß, die Leserschaft einmal mehr in die Fratze des zunehmenden Vandalismus gegen uns blicken zu lassen.

Immer mehr von uns würden durch *Schelme aller Art* mit Vandalismus bedroht, beschädigt oder gar gestohlen. *Viele Leute haben extra ein Häuschen gebaut, um ihre Zwerge einzuschließen*, empörte er sich. Aber nicht nur physisch werde uns Schaden zugefügt. Das Wort *Gartenzwerg*, als Schimpfwort benutzt, sei glatter *Rufmord*.

Es ist eine Schande für die schutzlosen Gartenzwerge, daß ihr ehrlicher Name mißbraucht wird, wettert Friedmann und kämpft weiter für unser Wohl. Gut, daß wir ihn haben.

12. Ein Platz für Zwerge

An den 3. Oktober 1990 werdet ihr Deutschen – die einen so, die anderen so – noch lange zurückdenken. Wir Gartenzwerge auch. Denn an diesem Tag wurde auch das über vierzig Jahre geteilte Zwergenreich vereint. Also ein Grund zum Feiern. Wir sind die wahren Gewinner der Einheit. Keinem von uns geht es schlechter – im Gegenteil, die meisten von uns Zwergen haben durch die Einheit nur gewonnen.

Unsere Brüder im Osten freuen sich über die besseren Farben, die dafür sorgen, daß sie nicht schon nach wenigen Sommern *alt* aussehen. Uns aus dem Westen stehen nun endlich auch die Gärten im Osten offen. Und zusammen bieten wir der Billig-Konkurrenz aus Fernost unsere Zwergenstirn.

Einigkeit macht stark war schon immer eine Devise unter uns Zwergen und kein Lippenbekenntnis, wie so oft bei euch. Und darum war es schon seit Jahrzehnten ein Traum von uns, einen Ort zu finden, an dem wir uns selber den Spiegel vorhalten können, wo wir uns in unserer zwergischen Identität finden können. Wo Gartenzwerge aller Generationen, aus allen Epochen, friedlich zusammenstehen und sich wie eine lebende Ahnengalerie von den Anfängen bis in die Gegenwart präsentieren können: für uns, die

Zwerg mit Zeitungspapier beklebt; 46 x 32 cm; Inge Brune, Bochum für die Mail-Art-Aktion des Deutschen Gartenzwerg-Museums 1993.

(rechts) Zwerg mit Gips überzogen als künstlicher Tropfstein; 45 cm groß; Deutsches Gartenzwerg-Museum, Zwergenbergwerk 1991.

Martina Gellner:
Mützenzwerg

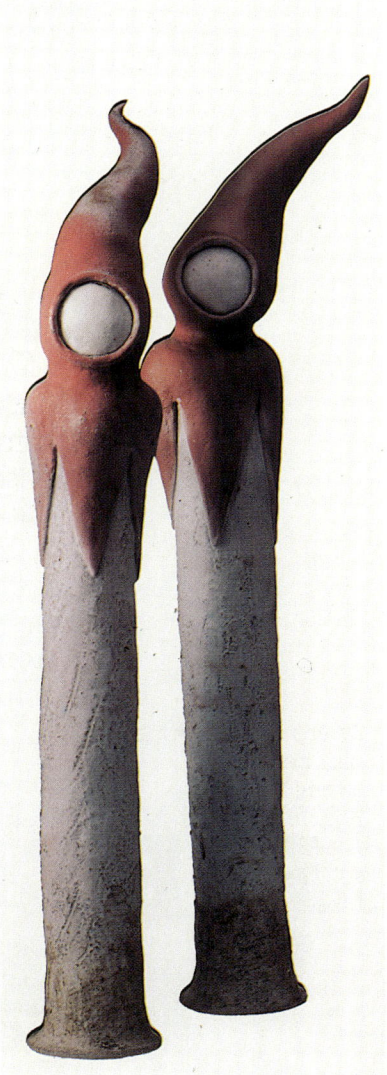

(links) Rosemarie
Benedikt: Droll

(links) »A gnome in space is even higher than a gnome on giants!«; Markus Gräter, Deutschland,

(rechts) »Nicht immer, nicht immer!«; Uli Stein, Deutschland;

»Deutsche Riesen«; Georg Lipinsky, Deutschland; alle für die Mail-Art-Aktion des Deutschen Gartenzwerg-Museums 1993.

Menschen, die uns mögen, und für kommende Generationen von Menschen und Gartenzwergen.

Als wir vor vielen Jahren begannen, diese Idee in den Gärten zu diskutieren, fanden sich schnell ältere Kollegen, die gerne bereit waren, ihren Platz im Grünen mit einem geschützten Standort in einer Ahnengalerie zu tauschen. Anderen, die noch jünger waren, wurde die Idee schmackhaft, wenn sie in den langen Wintermonaten unbeachtet im Kellerregal auf die neue Saison warten mußten. Es wurde für sie geradezu zur fixen Idee, unabhängig von der Jahreszeit, vor dem Unbill der Witterung und bösen Nachbarn geschützt, mit ihresgleichen in Harmonie einen Ort ihr eigen nennen zu können. Eine Art Paradies der Gartenzwerge, in dem sich die Generationen versammeln und sich und ihrer Art gewiß sind. Ein Wunsch, genauso unerfüllbar wie eure Suche nach Harmonie – und doch, unser Traum sollte wahr werden. Aber der Reihe nach.

Wie gesagt, unser Traum war ein Lieblingsthema unter den Zwergen in den Gärten, ohne daß je einer ernsthaft geglaubt hätte, daß sich dieser Wunsch jemals erfüllen werde. Aber als das geteilte Zwergenland plötzlich nicht mehr unabänderlich war, da sahen auch wir unsere Stunde gekommen.

Nur, wo sollten wir unsere Einheit verwirklichen?

Die alte neue Hauptstadt der Menschen in Deutschland, Berlin, war für uns Zwerge der falsche Ort. Obwohl gerade aus den Kreisen der Berliner Laubenpieperzwerge ein energisches Votum für ihre Stadt kam. Trennte doch die Mauer teilweise Gartengrundstück von Gartengrundstück. Und wo könne die Einheit besser symbolisiert werden als direkt auf dem ehemaligen Todestreifen, wo Zwerge aus Ost und West nun friedlich ihren Platz nebeneinander fänden, gaben sie zu bedenken.

Die Gartenzwerge aus dem Rheinland waren da ganz anderer Auffassung. Wenn nun schon Bonn den Regierungssitz der Menschen abgeben müsse, dann sei es doch nur recht und billig, daß die Gartenzwerge – wenn schon nicht Bonn – dann aber doch zumindest einen Ort im Bergischen Land zu ihrem Mittelpunkt wählten.

Die Gartenzwerge im Osten meldeten sich in der Diskussion merkwürdigerweise kaum zu Wort. Die, die Gräfenroda vorschlugen, waren in der Minderheit und wurden als Youngster von der Mehrheit nicht ernst genommen, weil sie ja sowieso über kurz oder lang ihren Platz weit ab in anderen Gärten finden würden. Und die wenigen alten Kollegen, die bis zur Wende dort ausgeharrt und über-

»Deutsche Freiheits-Statue«; Günter Griebel, Deutschland.

Tatjana Zinner: Das kleine Gartenmonster

(unten) Doris Knapp: All about music

lebt hatten, hatten sowieso schon seit Jahren ihr warmes Plätzchen in der guten Stube ihrer Produzenten oder in Musterzimmern.

Schnell war uns allen klar: Es mußte ein Ort gefunden werden, der der neuen zwergenhistorischen Situation entsprach. Darüber hinaus sollte der Ort sowohl der Tradition der Gartenzwerge würdig sein als auch die Zukunft unserer Art symbolisieren und sich gleichzeitig in origineller Weise von anderen Orten und Plätzen im gesamten Zwergenreich abheben. Leichter wollten wir es uns nicht machen. Aber die Zeit drängte. Die Maueröffnung hatte viele von uns im Keller überrascht. In den Gärten konnten wir zwar im Sommer 90 diskutieren, was ich dir eben kurz versucht habe zusammenzufassen. Aber daß die Menschen hier in Deutschland schon im Oktober des gleichen Jahres die Einheit feiern würden, hat die meisten von uns – wiederum im Keller – kalt erwischt. Wir konnten so schnell keine Entscheidungen treffen. Um so hektischer wurde für uns die Zeit ab Frühjahr 91. Wir wollten den Menschen um keinen Preis nachstehen und diskutierten in den Gärten tage- und nächtelang.

Irgend etwas Besonderes mußte dieser Ort haben, daß mit uns Zwergen in direkter Verbindung stand. Vorschläge, die Orte Zwergen, Zwerchstraß, Zwergern oder Zwergau zu wählen, wurden schnell verworfen. Die Idee war zu platt.

Nach unseren Kriterien konnte die Wahl also nur auf einen Ort in Deutschland fallen: Rot am See, das Städtchen, in dem *Nachbars Opfer* entstand, zum ersten Mal in einem Garten Probe lag und –

KINDERGARTEN

ROT AM SEE

was für uns alle am wichtigsten war – von dem aus die neuen Zwerge angetreten waren, die deutschen Gärten und ihre Besitzer wieder zu erobern.

Nach der Entscheidung für Rot am See war auch die Frage, welcher Mensch als Direktor das Haus nach außen vertreten sollte, schnell entschieden: Günter Griebel erschien, begründet durch die Tradition seiner Familie als auch durch eigene Leistung, dem versammelten Zwergengremium als einziger Mensch würdig, diese herausragende Position zu vertreten.

Zumal die Zwerge ahnten, daß der neue Direktor sich nicht lumpen lassen würde. In Zwergenkreisen war bekannt, daß sich, unabhängig von unseren Plänen, im Laufe der Jahre mehrere hundert, meist alte Gartenzwerge unter seinen Schutz gestellt hatten und beim ihm Asyl fanden. Sie sollten als Stammpersonal möglichst schnell in das Museum umziehen und wie ein Magnet andere Gartenzwerge dafür interessieren, ebenfalls einen Platz in der Ahnengalerie zu finden.

Ich will dich nicht mit Details langweilen, und deine Phantasie reicht bestimmt aus, um dir vorzustellen, wieviel Zeit und Mühe in den folgenden Monaten von Zwergen und Menschen investiert wer-

Gestaltet von Kindern des Kindergartens Rot am See zur Zwergomenta '93.

ANTIKE ZWERGE = SEHENSWERT

Canan Dagdelen: tete à tete.

den mußte, um diesen Traum der Gartenzwergheit endlich Wirklichkeit werden zu lassen.

Am 3. Oktober 1991, am Tag der Deutschen Einheit, war es dann soweit. Das *Deutsche Gartenzwerg-Museum e.V.* öffnete seine Pforten und steht seitdem im Mittelpunkt des internationalen Zwergeninteresses.

Gleich am Eingang führt ein detailgetreuer und bekriechbarer Nachbau eines Zwergenbergwerkes den Besucher zurück zu den Wurzeln unserer Geschichte. Und dann folgt all das, was ich dir in den letzten Stunden zu erzählen und zu erklären versucht habe. Mal ausführlicher und mal gerafft wird der Besucher durch das wilde Zwergenleben geführt. Und mancher muß dabei aufpassen, daß er seine Eintrittskarte, die rote Zipfelmütze, auf dem Kopf behält. Das ist ein ungeschriebenes Gesetz in unserer Ahnengalerie. Denn jedes Detail in unseren Räumen ist Bestandteil des *Gesamtkunstwerkes Gartenzwerg*. Also auch – zumindest für die Zeit ihres Aufenthalts – die Besucher.

Apropos Kunst. Einen breiten Raum nimmt in unserem Museum der Bereich ein, den immer noch zu wenig Experten mit uns in Verbindung bringen: die darstellende Kunst.

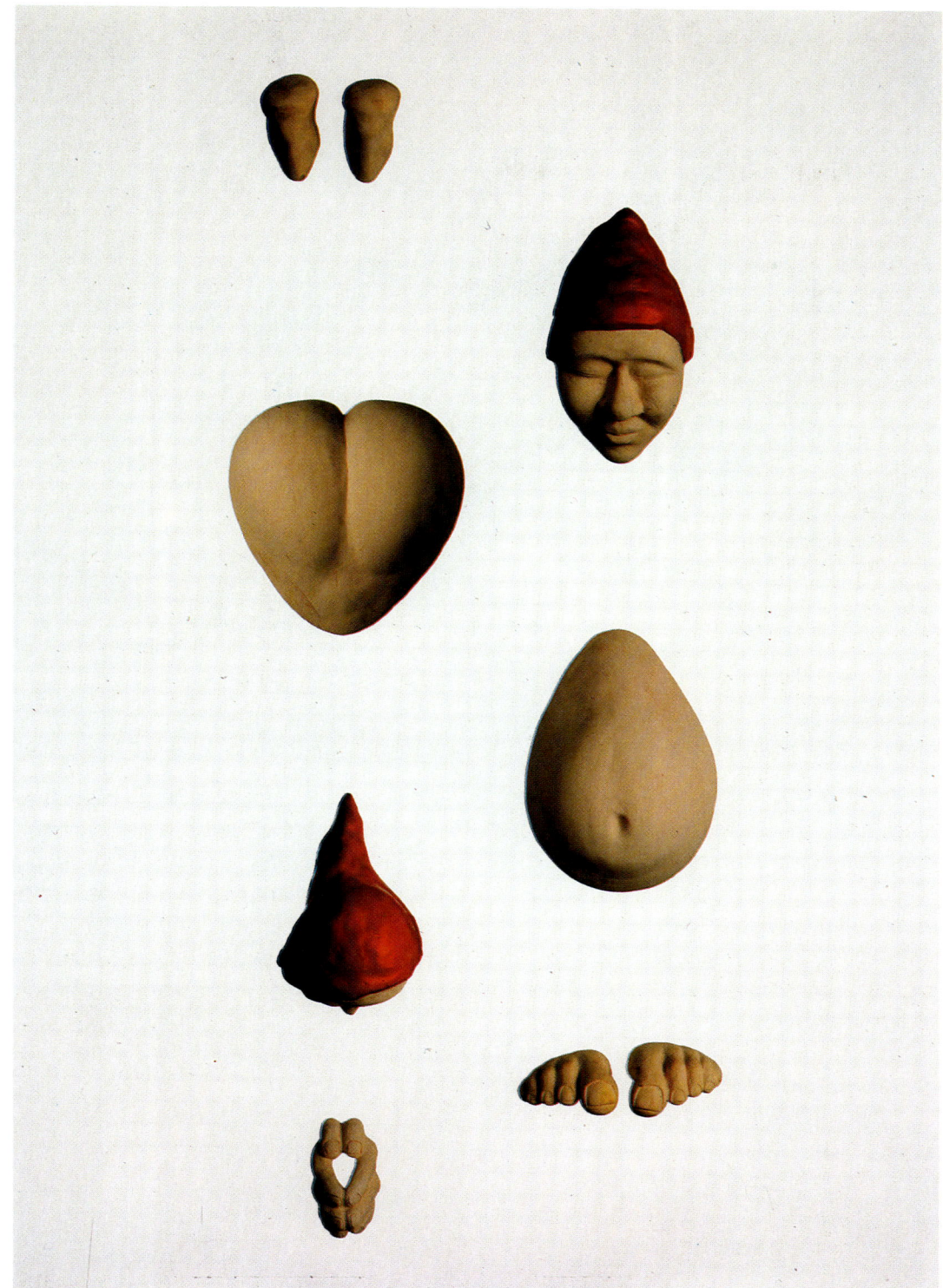

Dabei gibt es nicht nur in Deutschland angesehene Künstler, die uns Zwerge in den Mittelpunkt ihres Schaffens gestellt oder zumindest über viele Jahre mit uns gearbeitet haben. Auch ihre Arbeiten haben – soweit die Preise nicht das Zwergenmögliche überstiegen – Platz in unserem Museum gefunden.

Drei will ich dir kurz vorstellen:

In Deutschland am bekanntesten ist der Krefelder Maler und Aktionskünstler Will Cassel, der einmal von sich selber behauptete: *Ich bin ein Gartenzwerg.* Schon seit weit mehr als zwanzig Jahren arbeitet er mit uns, setzt unsere klassische Physiognomie ein. Gartenzwerge treten bei ihm weiß

Hans Bossart: Frontal-
kollision, 1993.

oder bemalt, auf jeden Fall immer
in größeren Gruppen auf. Denn für
den Künstler seid ihr alle uns
gleich, seid Gartenzwerge, sollt
euch durch uns erkennen. Und
dazu scheut der skurrile Cassel
weder Kosten noch Mühen. Während des Golfkriegs scharte er
sechs meiner Kollegen um einen
Plastikglobus vor dem Hauptquar-
tier der Vereinten Nationen in New
York zu einer seiner *Friedensme-
ditationen*, Ähnliches hatte er
zuvor schon vor dem Weißen Haus
in Washington getan. Was – abgesehen von der hehren Kunst, die
für einen Gartenzwerg wie mich
vielleicht zu hoch ist – beweist,
daß zwerg in der Truppe von Cassel zumindest durch die Welt
kommt und Publicity genießt,
wenn deutsche Presseagenturen
über die Aktion berichten.

Ähnlich spektakulär arbeitet der
Prager Milan Knizak mit uns, den
das angesehene amerikanische

Arts Magazine in seiner Ausgabe
vom Mai 91 immerhin zum *King of
the Dwarfs* kürte – ohne uns allerdings vorher zu fragen. Aber sei's
drum. Er ist nicht der erste und
bestimmt nicht der letzte von euch

Hans Bossart: Jagd-
glück, 1991.

Menschen, der uns für seine Zwecke einspannt.

In der kommunistischen CSSR hat er es mit seiner Kunst – auch ohne uns Zwerge – nie einfach gehabt. Damals provozierte Knizak gerne die Mächtigen, die seine Attacken mit Gefängnis beantworteten.

1988 begann er, uns in seine Kunstwerke zu integrieren, Kunst mit Zwergen zu gestalten. Und wir haben ihm Erfolg gebracht, mit seiner Zwergenkunst ist er nicht nur weltberühmt geworden. Und daß er nach der Wende zum Rektor der Prager Kunstakademie gewählt wurde, daran haben wir auch gedreht.

Einer der Stillen im Lande, der auch schon seit vielen Jahren uns Zwerge als Modell gewählt hat, ist der Schweizer Maler Hans Bossart. Maler ist er nicht von Beruf, es ist eher seine Berufung, die er im Laufe seines Lebens für sich gefunden hat – aber mit welcher Meisterschaft! Zu uns Zwergen fand er vor über zwei Jahrzehnten,

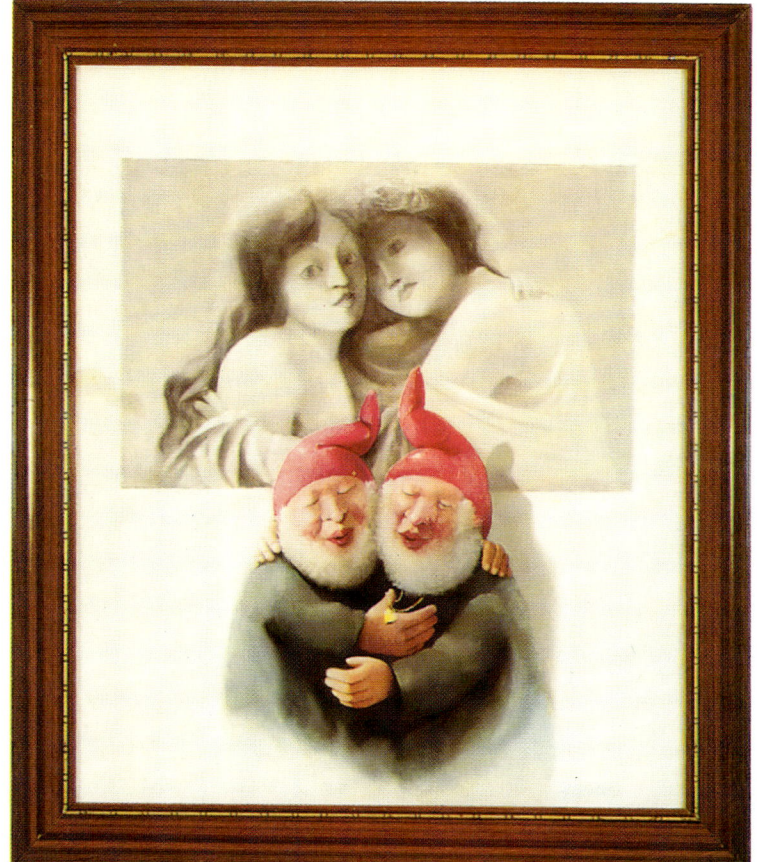

genaugenommen – wie er in stillen Stunden zugibt –, weil er uns gehaßt hat. Als er die ersten Zwerge malte, sah er in uns etwas Negatives, Spießiges. Doch schon bald hat sich seine Einstellung zu

Hans Bossart: Zuneigung, 1992.

(links) Hans Bossart: Das Gartenverdienstkreuz, 1988.

(rechts) Hans Bossart: Der Macho-Zwerg, 1988.

115

uns gewandelt. Und heute malt er die schönsten Bilder von uns in Öl, die zwerg sich nur wünschen kann. Bossard orientiert sich dabei in seinen Motiven und in seiner Maltechnik oft an alten Meistern, und so tauchen Zwerge in Situationen auf, die euch Menschen aus Bildbänden und Museen irgendwie bekannt vorkommen. Nur der Zwerg, der immer im Mittelpunkt steht, der ist euch in den Bildern

der für sich in Anspruch nehmen kann, die meisten bei euch Menschen erreicht zu haben. Auf jeden Fall hat er den richtigen Pinselstrich gefunden, um Mensch und Zwerg einander näherzubringen.

Doch wenn du glaubst, mit diesen drei Künstlern sei das Thema Gartenzwerg in der Kunst erschöpft, dann irrst du – es hat gerade erst angefangen.

Wir Zwerge haben erkannt, daß

»OHNE TITEL«; Pete Spence, Australien; für die Mail-Art-Aktion des Deutschen Gartenzwerg-Museums 1993.

fremd. Und dann freut sich der Künstler, weil er den Betrachter mal wieder an der Nase herumgeführt hat. Ein breites Publikum findet Hans Bossart, wenn er für das schweizerische Satire-Blatt *Nebelspalter* arbeitet. Er ist für die Zeitschrift so etwas wie der Hausillustrator in Sachen Zwerge. Viele kleinere und größere Artikel, in denen Fritz Friedmann im Namen der *Internationalen Vereinigung zum Schutz der Gartenzwerge* zum besseren Miteinander von Zwerg und Mensch aufgerufen hat, tragen seine künstlerische Handschrift. Damit ist er unter den Künstlern, die uns Zwerge zum Motiv gewählt haben, derjenige,

Kunst für unser Überleben und für das Zusammenwachsen mit den Menschen eine ungeheure Bedeutung in der Zukunft haben wird. Darum konnten wir auch das Deutsche Gartenzwerg-Museum überzeugen, im Sommer 93 eine Mail-Art-Aktion zu starten, die neue, vielleicht noch unbekannte Künstler in den Kreis der Zwergenkünstler einlädt. Dem Aufruf folgten Berufene und Unberufene aus aller Herren Länder, und die besten der eingesandten Arbeiten solltest du auf jeden Fall in dem Zwergenbuch dokumentieren.

Die Leser sollen nicht nur lesen, sondern auch sehen, daß wir Gartenzwerge erst am Anfang stehen.

Christine Schwaiger:
Mooszwerg.

13. Im Namen des Volkes! oder Der Zwerg in Karlsruhe

Langsam muß ich zum Ende kommen. Ich habe schon beinahe die ganze Nacht mit dir verplaudert. Meine Geschichte wäre aber nicht vollständig, wenn ich dir nicht auch ein dunkles Kapitel in den Beziehungen zwischen Mensch und Gartenzwerg offenbaren würde.

Es ist ja nicht so, daß zwischen uns immer alles Friede, Freude, Eierkuchen gewesen ist. In der

Zwerg mit Tasse; Terrakotta; 36 cm groß; um 1910

Geschichte über Griebel und sein Engagement für mein kleines Volk habe ich es kurz angedeutet. Wir Gartenzwerge waren zu den verschiedensten Zeiten immer wieder Opfer der Menschen-Justiz geworden. Zum Beispiel berichtet der schon erwähnte Nanologe Bernhard Nagl von einem Gesetz aus dem Jahr 1925, daß in den Niederlanden – einem Land also, das weltweit für seine Liberalität bekannt ist – für das Aufstellen eines Gartenzwergs in der Öffentlichkeit eine behördliche Genehmigung verlangte. Erst 1989 ist dieser Schandparagraph zu Fall gebracht worden.

Aber erst recht schaudern läßt zwerg, was er über die bundesdeutsche Gesetzbarkeit heraus gefunden hat. Es gibt seit dem Sommer 1985 eine *Rechtsbelehrung* des Bundesministeriums für Raumordnung, Bauwesen und Städtebau, die eine juristische Grundlage für das Aufstellen für uns Gartenzwerge schafft. Bis zu diesem Zeitpunkt hat uns eine einigermaßen feste und nicht zu sumpfige Grasnarbe gereicht.

Aber ich will sachlich bleiben. Gartenzwerge sind demnach dem Willen Bonner Bürokraten nur dann nicht zuwider, wenn sie nach § 29 Bundesbaugesetz *die Qualität eines schlichten Gartenzwerges* nicht verlieren und wenn sie keine *Hauptanlagen auf den Baugrundstücken* sind. Als *untergeordnete*

Nebenanlagen im Sinne § 14 der Benutzungsordnung sind wir geduldet.

Aber auch sonst haben wir Gartenzwerge in der deutschen Rechtsgeschichte der alten Bundesrepublik (West) durchaus tiefe Spuren hinterlassen, bis hinauf zum Bundesverfassungsgericht in Karlsruhe.

Nur als Beispiel dafür, daß wir Gartenzwerge nicht klein genug für Rechtstreitigkeiten sind, die das höchste deutsche Gericht beschäftigen, will ich dir kurz von einem Fall erzählen, der seinen Ursprung bei den *Römerberg-Gesprächen* 1974 in Frankfurt am Main fand. Alljährlich treffen sich dort, auf Einladung der Stadt, Intellektuelle und solche, die man dafür hält, um gegenseitig ihre Geistesgröße an einem vorgegebenen Thema zu messen. Der Kläger, im vorliegenden Fall ein Bildhauer und Professor, äußerte sich kritisch zum deutschen Kunstbetrieb und der Frage, nach welchen Auswahlkriterien vermeintliche

Schaufenster-Zwerge; Terrakotta; 28 cm groß; Erich Griebel ca. 1955.

Zimmerzwerge; Terrakotta; 20-27 cm; Böhmen um 1900.
In der Mitte sitzt ein Zwerg mit Krug, der als Tabaksdose verwendet wurde.

Kunstwerke in deutsche Museen gelangen. Und er nahm dabei kein Blatt vor den Mund. In der Runde waren aber auch Rundfunkjournalisten, die, zwar als Kunstkritiker geladen, im nachhinein für ihre Sender aber auch über die Diskussion berichteten, bei der es wahrlich hoch hergegangen sein muß. Und so verstieg sich einer der Journalisten zu folgender Kommentierung:

Hier jedoch – im Frankfurter Römer – saßen ein paar dialektische Gartenzwerge beieinander, kurzsichtig und weitschweifig über Fragen hockend, die sie gründlich falsch gestellt hatten.

Das trieb den Professor vor den Kadi. Das Landgericht verurteilte die Journalisten zu einer Geldstrafe. Die Berufung beim Oberlandesgericht blieb erfolglos. Die Journalisten riefen Karlsruhe an. Und sechs Jahre nach den inkriminierten Sätzen hoben die Verfassungsrichter das alte Urteil auf. Das vom Grundgesetzt garantierte Recht auf freie Meinungsäußerung dürfe nicht durch Geldstrafen untergraben werden. Die Entscheidung des Landgerichts *entfaltet unvermeidlich präventive Wirkungen, indem sie das Äußern kritischer Meinungen einem hohen finanziellen Risiko unterwirft; dadurch kann sie die Bereitschaft mindern, in Zukunft Kritik zu üben, und auf diese Weise eine Beeinträchtigung freier geistiger Auseinandersetzung bewirken, die an den Kern der grundrechtlichen Gewährleistung rühren muß.*

Ungestraft darf also nach dem Willen des höchsten deutschen Gerichts mit unserem Namen Schindluder getrieben werden. Nach dem Stand der Dinge darf bezweifelt werden, ob sich deutsche Richter in den neunziger Jahren noch einmal zu einem solchen Urteilsspruch hinreißen lassen würden. Zu hellhörig ist die Öffentlichkeit geworden, seit der 2. Zivilsenat des Hanseatischen Oberlandesgerichts in Hamburg 1988 ein Urteil sprach, das in Deutschland einen Zwergenaufstand auslöste.

Liegender Zwerg/liegendes Reh mit echtem Geweih; Terrakotta; Reh 42 cm lang, Zwerg 50 cm lang; Gräfenroda um 1900.

Im Mittelpunkt des Rechtsstreites, der in vier Jahren drei Hamburger Gerichte beschäftigte, standen die beiden Gartenzwerge des Rentners Adolf Besserdich. 1984 stellte er die beiden, Sänger und Akkordeonspieler, im Garten der Wohnanlage Cuxhavener Straße 302 im Stadtteil Neugraben auf. Zunächst

Zwergenpaar; Hartplastic; 19 cm groß; Plachy & Materne, Wirges/Westerwald um 1960.

nahm keiner der Mitbewohner in den anderen neun Eigentumswohnungen Anstoß an den Gartenzwergen, bis sich Elsbeth Emma G. aus dem zweiten Stock beschwerte. Die Angestellte schaute aus zwölf Meter Höhe auf das Duo und fühlte sich durch den Anblick der roten Zipfelmützen,

die Symbole der *Engstirnigkeit und Dummheit* seien, in ihrem *ästhetischen Empfinden* verletzt. Und weil Zwergen-Vater Adolf, wie ihn bald die Presse nannte, nicht von den Musikanten lassen wollte, zog Frau G. vor den Kadi. Amts- und Landgericht ließen die Klägerin zwar abblitzen, aber beim höchsten Hamburger Zivilgericht hatten die Richter genug Zeit, sich mit dem Fall zu befassen, und gaben der Klägerin in einer elfseitigen Urteilsbegründung recht.

Im Juristendeutsch hört sich das wie folgt an:

1. Stellt ein Wohnungseigentümer im gemeinschaftlichen Garten der Wohnungseigentumsanlage zwei Gartenzwerge auf, so stellt dies eine übermäßige Nutzung sowie eine nicht unerhebliche Beeinträchtigung des optischen Gesamteindrucks dar mit der Folge, daß den anderen Wohnungseigentümern ein Anspruch auf Beseitigung zusteht.

2. Maßgeblich ist, daß die Aufstellung von Gartenzwergen allgemein durchaus gegensätzlicher Beurteilung, insbesondere im ästhetischen Bereich unterliegt, die nicht wenige Menschen in ihren Gefühlen berührt und geradezu ideologisch überfrachtet ist und daher Einfluß auf den einen oder anderen Interessenten einer Eigentumswohnung haben kann.

Soviel Worte für zwei Gartenzwerge, zwanzig und fünfzehn Zentimeter groß. Das Echo in der Presse war riesig, und die Republik lachte. Nur den beiden Zwergen und ihrem Beschützer war das Lachen vergangen. Auf Anraten seines Anwalts nahm Adolf Besserdich die beiden Zwerge aus ihrem Beet und setzte sie auf seinen Balkon. Ob es sie inzwischen tröstet, daß sie ein Stück deutscher Zwergengeschichte geschrieben und entscheidend zu unserer heutigen Popularität beigetragen haben? Die juristische Diskussion über uns hat nach dem Urteil sogar dazu geführt, daß der Gießener Rechtsprofessor Eberhard Wieser an den Gesetzgeber appelliert hat, *das für Tiere geltende Pfändungsverbot auf Gartenzwerge zu erstrecken, da sie in der deutschen Wertskala den Goldfischen kaum nachstehen.*

Glücklicherweise weist der Jurist darauf hin, daß die Pfändung von Gartenzwergen kein *drängendes Problem der Praxis* sei, meine Kollegen also nicht im Zentrum des Interesses der Gerichtsvollzieher stehen. Trotzdem wurde seine Initiative von der juristischen Zwergenwelt dankbar aufgenommen. Tagtäglich werden Menschen überall im Land gepfändet, schwebt der Kuckuck drohend vor irgendeiner Gartentür. Und nach geltendem Recht wären komplizierte juristische Überlegungen notwendig, sollte der Blick eines Gerichtsvollziehers begehrlich über den Rasen schweifen.

Und so, wie ich dieses Land kenne, würden wieder Gerichte bemüht wie damals in Hamburg.

Eigentlich müßten wir den Hamburger Richtern ein Denkmal spenden. Natürlich nur ein zwergig kleines, vielleicht einen Gedenk-Kiesel.

Denn ungewollt haben sie uns zu unserer heutigen ungeahnten Popularität verholfen. Ohne sie gäbe es nicht *Nachbars Opfer*, das *Deutsche Gartenzwerg-Museum* hätte vielleicht nie seine Tore geöffnet, und die schöne neue Sitte, Gartenzwerge zu verschenken, hätte noch Jahre auf sich warten lassen.

Dann säße ich auch nicht heute

nacht auf deinem Schreibtisch, und deine nanologischen Kenntnisse wären immer noch so mickrig wie noch vor wenigen Stunden. Du wüßtest ja nicht einmal, was Nanologie überhaupt bedeutet. Aber es hat mir Spaß gemacht, dir von uns zu berichten. Jetzt bist du an der Reihe. Schreib alles auf,

Zwerg, einen Marienkäfer ärgernd; Terrakotta; 35 cm groß; Fa. Philipp Griebel/Gräfenroda um 1910.

123

Zwerg mit Frosch;
PVC; bemalt nach
einem Entwurf von
Petra Spieß.

was ich dir gesagt habe, und bring dein Wissen unter die Leute. Keiner, der in Zukunft einen von uns Gartenzwergen schief anschaut, soll noch sagen können, er habe von uns nichts gewußt. Für heute und die nächsten Jahre habe ich erst einmal genug geredet. Aber wenn du noch Fragen hast, frag mich ruhig, vielleicht antworte ich dir.

He, hörst du mir überhaupt noch zu? Schläfst Du etwa? Na gut, dann ist jetzt Schluß. Mir fällt auch nichts mehr ein. Tu, was ich dir gesagt habe. Und nicht vergessen:

Zipfel auf!«

Wie sollte ich meiner Frau beim Frühstück erklären, warum sie mich um fünf Uhr morgens schlafend im Garten aufgelesen hat? Ich konnte es nicht.

»Soviel getrunken hatten wir doch beide nicht. Aber wie du so dalagst, im Gartenstuhl die Lehne zurückgestellt und mit einem Grinsen im Gesicht – so dämlich habe ich dich noch nie im Schlaf gesehen. Du hast gegrinst wie der Gartenzwerg, den wir gestern geschenkt bekommen haben. Und als ich dich ins Bett gebracht habe, hast du immer was von *Zipfel auf* gemurmelt. Fühlst du dich eigentlich in Ordnung?«

Zipfel auf? Zipfel auf! Langsam dämmerte mir, was ich letzte Nacht im Garten erlebt hatte. Aber würde mir jemand glauben?

Seitdem hat der Zwerg kein Wort mehr an mich verloren. Obwohl er seit dieser Nacht seinen Stammplatz auf meinem Schreibtisch gefunden hat. Aber manchmal, wenn ich wieder in einer lauen Sommernacht arbeite und alleine am Schreibtisch sitze, lese ich ihm ein Kapitel vor. Und dann ist mir so, als ob er mir ganz leicht zunickt. Denn eigentlich ist es doch sein Buch, oder? Aber das bleibt unser Geheimnis. Zipfel auf!

Literatur, die zwerg kennen sollte (weil sie hier im Buch vorkommt)

Bergmann, Thomas:
Giftzwerge. Wenn der Nachbar zum Feind wird.
München 1992

Faber du Faur, Irmgard von:
Die Zwerglein am Muttertag
aus: Die Silberfracht. Neue Ausgabe. Bd. 3
(3. Schuljahr)
Hirschgraben-Verlag,
Frankfurt/Main 1957

Flora, Paul u. Arbiter:
Der gebildete Gartenzwerg
Tiefgründige Rechtfertigung und
leichtverständlicher Ratgeber
für schlechten Geschmack
Zürich 1969

Giese, E.:
Unzulässige Aufstellung von zwei
Gartenzwergen im gemeinschaftlichen Eigentum einer
Wohnanlage
in: Neue Juristische Wochenschrift
Heft 33, 1988 S. 2052

Griebel,
Jutta und Günter (Hg.):
Zwerge typisch deutsch
Werbezwerge – Werberiesen
Eine Ausstellung des Deutschen Gartenzwerg-
Museums
Berlin 1992

Grimm, Jacob und Wilhelm:
Deutsches Wörterbuch
Vierten Bandes Erste Abtheilung
Leipzig 1878

Halbritter, Kurt,
Herder, Hans:
Heimat Deine Zwerge
Die Kulturgeschichte des Gartenzwerges.
Frankfurt am Main 1959

Hartlaub, Gustav F.:
Der Gartenzwerg und seine Ahnen
Heidelberg 1962

Heinemann, Prof. Dr. Karl (Hg.):
Goethes Werke. 3. Band
Leipzig und Wien o.J.

Heusmann, Marie-Luise:
Kleinkunst.
in: Capital Heft 10/83

Hoffmann-Krayer, E. (Hg.):
Handwörterbuch des deutschen Aberglaubens
Berlin 1938/41

Kästner, Erich:
Der kleine Grenzverkehr
in: Gesammelte Schriften für Erwachsene, Band 4
Zürich 1969

Küpper, Heinz:
Illustriertes Lexikon der Deutschen Umgangssprache
in acht Bänden.
Stuttgart 1984

Mann, Thomas:
Bekenntnisse des Hochstaplers Felix Krull.
Der Memoiren erster Teil
Frankfurt am Main 1985

Müller, Ludwig:
Die kleine Welt der Gartenzwerge
Niedernhausen 1986

Nagel, Bernhard:
Betrachtungen über den Gartenzwerg
Diplomarbeit an der Fachhochschule Weihenstephan
im Wintersemester 1991/92
Fachbereich Landespflege

Niederrheinisches Freilichtmuseum:
Zwerge, Hofzwerge, Gartenzwerge.
Eine Genealogie des Gartenzwerges
Katalog zur Ausstellung
Grefrath-Dorenburg 1973

Noelle-Neumann, Elisabeth und
Köcher, Renate (Hg.) :
Allensbacher Jahrbuch der Demoskopie
Band 9 1984-1992
München, New York 1993

Poortvliet, Rien und Huygen, Wil:
Das große Buch der Heinzelmännchen.
Die ganze Wahrheit über Herkunft, Leben und Wirken
des Zwergenvolkes.
Hamburg 1978
und
Das geheime Buch der Heinzelmännchen.
Neues vom Zwergenvolk und seine Botschaft an die
Menschen.
Köln 1984

Prahl, Hans-Werner:
Der Gartenzwerg – ein deutscher Exportschlager
Artikel zur Landesgartenschau
Werl 1988

Quiring, Heinrich:
Geschichte des Goldes
Die Goldenen Zeitalter in ihrer kulturellen und wirt-
schaftlichen Bedeutung.
Stuttgart 1948

Richter, Gert:
Erbauliches, belehrendes wie auch vergnügliches
Kitsch-Lexicon von A bis Z.
Gütersloh 1970

Scherf, Walter:
Lexikon der Zaubermärchen
Stuttgart 1982

Schulz, Manuela:
Kleine Racker halten sich wacker
in: Wochenpost Nr.: 49/1990

Schröter, Klaus:
Thomas Mann. In Selbstzeugnissen und Dokumenten
Hamburg 1964

Wagner, Hans:
Erich Kästner
Berlin 1973

Wander, Karl Friedrich Wilhelm:
Deutsches Sprichwörter-Lexikon
Leipzig 1880

Wysling, Hans (Hg.):
Bild und Text bei Thomas Mann.
Eine Dokumentation.
Berlin, München 1975

6 fröhliche Pop-Up-Grußkarten.

Aus der Sammlung des Zwergenmuseums!

11037   9,95 DM

11038   9,95 DM

11039   9,95 DM

11040   9,95 DM

11041   9,95 DM

11042   9,95 DM

Eichborn Verlag
Kaiserstraße 66
60329 Frankfurt/M.

Bildquellenverzeichnis

Archiv für Kunst und Geschichte, Berlin S. 29, 34.

Hans Bossart, Hinwil/Schweiz, S. 100 (unten), 114, 115.

Deutsches Institut für Filmkunde, Frankfurt am Main, S. 8, 9, 62, 63, 65, 66, 67.

Oberarchivrat Dr. Günther Jontes, Direktor des Museums Leoben, S. 25 (unten), 32.

Wolfgang Karnuth, Frankfurt am Main, S. 107, 110, 112 (unten), 113.

Mail-Art-Katalog von Jutta und Günter Griebel (Hg.), Rot am See, S. 104/105, 108, 109, 112 (unten), 116.

Carl-Ludwig Paeschke, Wiesbaden, S. 50 (oben), 83, 94, 95, 96, 97.

Jolanta Pieczykolan, S. 87.

Heinrich Schlitt, S. 39 (Mitte).

Verlag A. Braun, Foto Schuler, S. 19, 20, 21, 22, 23.

Wolfgang Schult, S. 83.

Steiermärkisches Landesmuseum Joaneum, Abteilung Schloß Trautenfels/Österreich, S. 16, 17 (rechts oben und unten), 18, 25 (oben), 28 (oben), 30 (unten), 31 (unten), 35.

ZDF, Mainz, S. 50.

Zwerge, Hofzwerge, Gartenzwerge, Niederrheinisches Freilichtmuseum 1973, S. 29.

Zwerge typisch deutsch (Hg. Jutta und Günter Griebel), Eine Ausstellung des Deutschen Gartenzwerg Museums 1992, S. 41 (oben), 42 (oben), 46, 47 (unten).

Alle übrigen Fotos von Irmi Long, Frankfurt am Main.

Die Deutsche Bibliothek – CIP-Einheitsaufnahme

Paeschke, Carl-Ludwig:
Das Buch der Gartenzwerge / Carl Ludwig Paeschke.
– Frankfurt am Main : Eichborn, 1994
  ISBN 3-8218-1700-3

© Vito von Eichborn GmbH & Co. Verlag KG, Frankfurt am Main, März 1994
Layout: Adolf Heinzlmeier
Umschlag: Rüdiger Morgenweck
Satz: Fuldaer Verlagsanstalt GmbH
Litho: Fotoprint Janke
Druck und Bindung: Slovart Print, Bratislava
ISBN 3-8218-1700-3

Verlagsverzeichnis schickt gern:
Eichborn Verlag, Kaiserstraße 66,
D-60329 Frankfurt am Main